Centre international d'études pédagogiques

Réussir le DELF A2

Marjolaine Dupuy
Maud Launay

didier

PAPIER À BASE DE FIBRES CERTIFIÉES

éditions didier s'engagent pour l'environnement en réduisant l'empreinte carbone de leurs livres. Celle de cet exemplaire est de :
400 g éq. CO_2
Rendez-vous sur
www.editionsdidier-durable.fr

Conception maquette intérieure et couverture : Solène Ollivier
Mise en page : Hélène Kleinmann
Illustrations : Julien Malland : 30 ; Gabriel Rebuffelo : 15, 17, 21, 22, 23, 47, 78, 111, 115
Schémas/docs : Hélène Kleinmann
Photogravure : Eurésys
Crédits CD audio : Enregistrements, montage et mixage : Fréquence Prod
Musique : Funky Frenzy, composée par Bruno Pilloix, Kosinus, KMUSIK

« Le photocopillage, c'est l'usage abusif et collectif de la photocopie sans autorisation des auteurs et des éditeurs. Largement répandu dans les établissements d'enseignement, le photocopillage menace l'avenir du livre, car il met en danger son équilibre économique. Il prive les auteurs d'une juste rémunération. En dehors de l'usage privé du copiste, toute reproduction totale ou partielle de cet ouvrage est interdite. »
« La loi du 11 mars 1957 n'autorisant, aux termes des alinéas 2 et 3 de l'article 41, d'une part, que les copies ou reproductions strictement réservées à l'usage privé du copiste et non destinées à une utilisation collective » et, d'autre part, que les analyses et courtes citations dans un but d'exemple et d'illustrations, « toute représentation ou reproduction intégrale, ou partielle, faite sans le consentement de l'auteur ou de ses ayants droits ou ayants cause, est illicite. » (alinéa 1er de l'article 40) – « Cette représentation ou reproduction par quelque procédé que ce soit, constituerait donc une contrefaçon sanctionnée par les articles 425 et suivants du Code pénal. »

© Les Éditions Didier, Paris 2010 – ISBN 978-2-278-06448-9
Achevé d'imprimer en avril 2020 par Macrolibros, Espagne - Dépôt légal : 6448/13

Préface

Les ouvrages de la collection « Réussir le DELF » sont rédigés et validés par la commission nationale du DELF (diplôme d'études en langue française) et du DALF (diplôme approfondi de langue française). Ils proposent un entraînement au format des épreuves des diplômes DELF.

Chaque année, plus de 330 000 candidats présentent, au cours de l'une des sessions organisées par les centres agréés (plus de 1000 à travers le monde), les épreuves d'un diplôme DELF dans l'un des pays qui organisent ces examens.

Le DELF et le DALF sont les diplômes officiels du ministère français de l'Éducation. Ils sont présents dans 165 pays, et sont donc reconnus au niveau international.

Certains pays, de plus en plus nombreux, accordent des reconnaissances locales aux titulaires de ces diplômes. À titre d'exemple, un DELF peut dispenser de tout ou partie de certains examens locaux de français ; peut permettre d'obtenir une promotion, un avancement, une prime salariale ; peut être pris en compte pour un recrutement professionnel, pour une promotion dans une entreprise française ou francophone, pour une formation ; peut permettre d'obtenir l'autorisation d'enseigner ; peut donner lieu à la délivrance d'une attestation locale de compétence…

Les titulaires du DELF B2 sont par ailleurs dispensés de tout test linguistique d'entrée dans les universités françaises[1].

L'appellation « DELF » est ainsi devenue, au fil des années, une référence, une sorte de « label France » indispensable pour qui souhaite faire certifier ses compétences en français.

Le DELF est constitué de **4 diplômes indépendants les uns des autres** correspondant aux 4 premiers niveaux du *Cadre européen commun de référence pour les langues* (CECRL) :

2h30	DELF B2	B2	Indépendant
1h45	DELF B1	B1	
1h40	DELF A2	A2	Élémentaire
1h20	DELF A1	A1	

Chaque diplôme évalue les 4 compétences : compréhension et expression orales, compréhension et expression écrites. L'obtention de la moyenne (50 points sur 100) à l'ensemble des épreuves permet la délivrance du diplôme correspondant.

La commission nationale du DELF et du DALF vous souhaite une bonne lecture, un bon entraînement et une bonne réussite au(x) diplôme(s) DELF que vous présenterez.

Christine TAGLIANTE
Responsable du Département évaluation et certifications
CIEP - Sèvres

(1) Arrêté du 18 janvier 2008, paru au Journal officiel du 5 février 2008.

Avant-propos

Vous apprenez le français et vous souhaitez vous préparer au DELF (diplôme d'études en langue française) qui valide le niveau A2 du CECRL (*Cadre européen commun de référence pour les langues*) ?

Vous trouverez dans cet ouvrage l'aide nécessaire en vue de l'obtention du diplôme DELF A2.

Ce diplôme certifie vos compétences en français, telles que les a décrites le CECRL* pour le niveau A2 :

UTILISATEUR ÉLÉMENTAIRE

A2	Peut comprendre des phrases isolées et des expressions fréquemment utilisées en relation avec des domaines immédiats de priorité (par exemple, informations personnelles et familiales simples, achats, environnement proche, travail). Peut communiquer lors de tâches simples et habituelles ne demandant qu'un échange d'informations simple et direct sur des sujets familiers et habituels. Peut décrire avec des moyens simples sa formation, son environnement immédiat et évoquer des sujets qui correspondent à des besoins immédiats.

Pour vous accompagner dans la préparation et la réussite de cet examen, en tant que spécialistes du DELF au Centre international d'études pédagogiques (CIEP) et conceptrices de sujets officiels, nous avons souhaité créer un **ouvrage facile d'utilisation, complet et très proche des épreuves réelles**.

En effet, le CIEP est l'**organisme officiel** qui crée, élabore et gère les épreuves des examens DELF-DALF dans le monde.

C'est donc notre expertise quotidienne qui nous permet de vous offrir des informations concrètes sur l'élaboration des sujets, sur la correction des épreuves écrites et l'évaluation des épreuves orales.

L'ouvrage se compose ainsi :

- **Compréhension de l'oral**
- **Compréhension des écrits**
- **Production écrite**
- **Production et interaction orales**

Vous travaillerez ces 4 compétences selon 3 étapes : *Pour vous aider, Pour vous entraîner, Vers l'épreuve*.

Vous trouverez dans ces parties des **boîtes à outils** et des **conseils** pour vous aider à varier le vocabulaire, à utiliser les bonnes expressions, employer les temps correctement, mieux comprendre certains aspects de la culture française, etc.

À la fin de chaque compétence, une **auto-évaluation** vous permettra de vérifier ce que vous savez déjà et ce qu'il vous reste à apprendre.

À l'aide des **quatre dossiers socioculturels**, vous découvrirez quelques particularités de la société française d'aujourd'hui.

Le + : à la fin du livre, mettez-vous en situation d'examen et entraînez-vous à passer le DELF A2 grâce à une **épreuve blanche** fidèle aux épreuves réelles !

Nous vous souhaitons beaucoup de courage ainsi qu'une belle réussite au DELF A2 !

Marjolaine Dupuy – Maud Launay
Chargées de programmes
Département évaluation et certifications
Bureau DILF-DELF-DALF
CIEP-Sèvres

---

* *Cadre européen commun de référence pour les langues*, Didier, 2001, page 25.

SOMMAIRE

Préface 3
Avant-propos 4

COMPRÉHENSION DE L'ORAL 7

Pour vous aider 8
Pour vous entraîner 10

1 • Se préparer à repérer des éléments clés 10
2 • Comprendre des annonces et instructions orales 13
3 • Comprendre un message oral (sur répondeur) 16
4 • Comprendre des émissions de radio 18
5 • Comprendre une interaction entre locuteurs natifs 20

Vers l'épreuve 21

    AUTOÉVALUATION 24
    TRANSCRIPTIONS 25

COMPRÉHENSION DES ÉCRITS 29

Pour vous aider 30
Pour vous entraîner 32

1 • Lire pour s'orienter 32
2 • Comprendre une correspondance 35
3 • Lire des instructions 38
4 • Lire pour s'informer 41

Vers l'épreuve 45

    AUTOÉVALUATION 50

PRODUCTION ÉCRITE — 51

Pour vous aider — 52

Pour vous entraîner — 53

1 • Se préparer à rédiger des textes — 53

2 • Se préparer à l'exercice 1 (écriture créative) — 55

3 • Se préparer à l'exercice 2 (correspondance) — 61

Vers l'épreuve — 66

    AUTOÉVALUATION — 68

PRODUCTION ORALE — 69

Pour vous aider — 70

Pour vous entraîner — 73

1 • L'entretien dirigé — 73

2 • Le monologue suivi — 77

3 • L'exercice en interaction — 82

Vers l'épreuve — 88

    AUTOÉVALUATION — 89

    TRANSCRIPTIONS — 90

La France, c'est... — 91

    Les nouvelles façons de vivre — 92

    Se loger et se divertir autrement — 96

    Apprendre à tout âge ! — 100

    Le travail en France aujourd'hui — 104

ÉPREUVE BLANCHE — 109

    TRANSCRIPTIONS — 119

CORRIGÉS — 120

Le picto vous indique le numéro de la piste du CD à écouter pour faire l'activité.

COMPRÉHENSION DE L'ORAL

Descripteur global
✓ Peut comprendre des expressions et des mots porteurs de sens relatifs à des domaines de priorité immédiate (par exemple, information personnelle et familiale de base, achats, géographie locale, emploi).

✓ Peut comprendre assez pour pouvoir répondre à des besoins concrets à condition que la diction soit claire et le débit lent.

Comprendre une interaction entre locuteurs natifs
✓ Peut généralement identifier le sujet d'une discussion se déroulant en sa présence si l'échange est mené lentement et si l'on articule clairement.

Comprendre des annonces et instructions orales
✓ Peut saisir le point essentiel d'une annonce ou d'un message brefs, simples et clairs.

✓ Peut comprendre des indications simples relatives à la façon d'aller d'un point à un autre.

Comprendre des émissions de radio et des enregistrements
✓ Peut comprendre et extraire l'information essentielle de courts passages enregistrés ayant trait à un sujet courant prévisible, si le débit est lent et la langue clairement articulée.

COMPRÉHENSION DE L'ORAL

pour vous **aider**

➡ NATURE DE L'ÉPREUVE ET SAVOIR-FAIRE

L'épreuve de *Compréhension de l'oral* comporte 4 exercices.
Elle est notée sur 25 points et dure environ 25 minutes.
Vous devrez répondre à des questionnaires de compréhension portant sur quatre courts documents enregistrés.
Chaque document est écouté deux fois. La durée maximale des documents à écouter est de cinq minutes.

Les principaux savoir-faire requis pour réussir cette épreuve sont la capacité à :
- identifier la nature des documents entendus ;
- identifier le thème principal ;
- identifier les personnes qui parlent et leur fonction ;
- comprendre l'information essentielle d'un document ;
- comprendre des informations détaillées.

➡ LES SUJETS

Les documents audios sont tous enregistrés en français standard.
Vous entendrez :
- des instructions ou des consignes à suivre, dans des lieux publics ;
- des messages personnels ou professionnels ;
- des flashs d'information, des publicités ou des bulletins météo à la radio ;
- des conversations sur des sujets familiers ou de la vie quotidienne.

➡ QUELQUES CONSEILS

La consigne

▶ Dans l'épreuve du DELF A2, il y a une consigne générale qui explique ce que vous devez faire pour l'ensemble des exercices de *Compréhension de l'oral*. Cette consigne se trouve au début de l'épreuve : vous la lirez et vous l'entendrez avant d'écouter les 4 exercices.

DOCUMENT RÉSERVÉ AU CANDIDAT - ÉPREUVES COLLECTIVES

❶ Compréhension de l'oral

25 points

Vous allez entendre 4 enregistrements correspondant à 4 documents différents.

Pour chaque document, vous aurez :
– 30 secondes pour lire les questions ;
– une première écoute, puis 30 secondes de pause pour commencer à répondre aux questions ;
– une deuxième écoute, puis 30 secondes de pause pour compléter vos réponses.

Répondez aux questions en cochant (*) la bonne réponse, ou en écrivant l'information demandée.*

▶ **Puis il y a une consigne particulière avant chaque exercice. Lisez-la bien, elle vous aidera à comprendre la situation. Attention, cette consigne n'est pas enregistrée !**

Vous êtes mis en situation dans chaque exercice : on vous indique au début de chaque activité où vous vous trouvez et ce que vous devez faire. Par exemple, on vous signale que vous êtes dans le métro au moment où vous entendez le document enregistré : « **Vous** êtes dans le métro à Bruxelles et **vous** entendez cette annonce. **Répondez** aux questions. »

Les questions

▶ **Lisez bien toutes les questions avant d'écouter le document. Cela vous donnera des idées sur le thème de l'enregistrement et cela vous aidera à préparer l'écoute.**

Vous devrez répondre à plusieurs questions, du type :

Qui ? À qui ? Quoi ? Quand ? Combien ? Où ? Comment ? Pourquoi ?

On ne vous demande pas de tout comprendre, mais de savoir extraire les informations essentielles.

> ⚠ Si vous ne pouvez pas répondre à une question, ne vous inquiétez pas ! Ne perdez pas de temps et répondez aux questions suivantes.

▶ **Exemples de questions fréquentes :**

1. À quelle heure ferme la piscine ?
18 heures. ◄─── Vous répondez en écrivant une réponse chiffrée.

2. Que devez-vous faire ?
Apporter un gâteau. ◄─── Vous répondez en écrivant quelques mots ou une phrase courte.

3. Le musée est ouvert de …*10*… heures à …*19*… heures. ◄─── Vous répondez en complétant la phrase.

4. Que devez-vous acheter ?
❑ Du lait.
❑ Du sucre.
☒ De la farine. ◄─── Vous répondez en cochant (☒) la bonne réponse.

5. Où devez-vous aller ?

☒ A ❑ B ❑ C

◄─── Vous répondez en cochant (☒) la case sous l'image correspondante.

COMPRÉHENSION DE L'ORAL

pour vous entraîner

90,000
↑ ↑
mille cent

1 Se préparer à repérer des éléments clés

Nous vous proposons de commencer par cinq activités d'entraînement. Elles vous aideront à vous préparer à l'examen du DELF A2.
Vous ne comprenez pas tous les mots ? Ne vous inquiétez pas ! Essayez de comprendre l'ensemble de chaque texte.

> Repérez les indices qui vont vous aider à répondre aux questions : chiffres, utilisation de tu/vous, mots-clés, bruits de fond, vocabulaire d'un domaine particulier (professionnel, médical…).

→ Identifier des chiffres et des lettres

Activité 1 7.01.20 , 5.04.21 , 26.08.21

Vous allez entendre 5 annonces enregistrées à la gare.
Pour chaque annonce, complétez le tableau avec les informations demandées.

ANNONCE	NUMÉRO DU TRAIN	VOIE DE DÉPART	HEURE DE DÉPART
1	492	……	12h16
2	38041	G	……
3	……	K	14h55
4	……	C	……
5	……	……	……

→ Identifier le type de relation entre des personnes

Activité 2 7.01.20   5.02.21

Vous allez entendre cinq extraits de conversation. Quelle relation ont les différentes personnes entre elles ? Pour chaque extrait, cochez la case qui correspond.

tick

Relation	Amicale	Familiale	Professionnelle	Administrative	Commerciale
Extrait n° 1					✓
Extrait n° 2			✓	✓	
Extrait n° 3		✓			
Extrait n° 4	✓				
Extrait n° 5				✓	

→ **Identifier un lieu**

 Activité 3 07.01.20, 05.04.21

Où pouvez-vous entendre les annonces suivantes?
Pour chaque photo, indiquez le numéro de l'annonce correspondante et écrivez le ou les mots qui vous ont aidé(e) à trouver la bonne réponse.
Écoutez d'abord l'exemple.

Numéro de l'annonce : 0
Mots-clés : Le TGV, gare, voie (A)

Numéro de l'annonce : 4
Mots-clés : musée ferme 20 mins

Numéro de l'annonce : 2
Mots-clés : vol Paris 12 18=24

Numéro de l'annonce : 3
Mots-clés : votre supermarché dimanche prochaine

Numéro de l'annonce : 1
Mots-clés : circulation parc 6

Numéro de l'annonce : 5
Mots-clés : Wien Park

11

COMPRÉHENSION DE L'ORAL

→ Identifier le type d'une émission de radio

Activité 4

Vous allez entendre 5 extraits d'émissions radiophoniques.
Reliez chaque extrait d'émission radiophonique à son type.

- Jeu • • Extrait 1
- Météo • • Extrait 2
- Publicité • • Extrait 3
- Interview • • Extrait 4
- Reportage • • Extrait 5

→ Identifier le thème d'une émission de radio

Activité 5

Vous allez entendre 6 extraits des principaux titres d'information du jour.
Associez chaque extrait au thème qui correspond.

	Sport	Culture	Économie	Santé	Politique	Technologie
Extrait						

Activité 6

Vous allez entendre 5 extraits de messages ou conversations téléphoniques.
Quel est leur but ? Pour chaque extrait, cochez la case qui correspond.
Écoutez d'abord l'exemple.

	Donner un rendez-vous	Demander un rendez-vous	Féliciter	S'excuser	Inviter	Remercier
Situation n° 0	✗					
Situation n° 1						
Situation n° 2						
Situation n° 3						
Situation n° 4						
Situation n° 5						

2 Comprendre des annonces et des instructions orales

> **N'oubliez pas !**
> Il y a 3 étapes importantes pour réussir cette partie. Vous devez :
> 1. Lire les questions.
> 2. Après la première écoute, répondre aux questions.
> 3. Après la deuxième écoute, compléter et vérifier vos réponses.

Dans cette partie, vous devrez comprendre des messages dits dans des lieux publics (gare, magasin, parc, etc.). Vous y entendrez des informations et des instructions.

Activité 7 : À l'aéroport
Vous allez chercher votre collègue à l'aéroport de Paris. Écoutez l'annonce et répondez aux questions.

1. L'annonce parle du vol numéro ....

2. L'annonce indique que l'avion est…
☐ à l'heure.
☐ en retard.
☐ en avance.

3. À quelle porte devez-vous aller chercher votre collègue ?
☐ 15
☐ 55
☐ 525

Activité 8 : Au jardin public
Vous êtes au jardin public et vous entendez cette annonce. Répondez aux questions.

1. On vous demande…
☐ de suivre les gardiens.
☐ de commencer à partir.
☐ d'aller vers le restaurant.

2. À quelle heure ferme le restaurant du parc ?
☐ 20 h 00
☑ 20 h 15
☐ 20 h 30

3. Quel est le jour de fermeture du parc ?
....

COMPRÉHENSION DE L'ORAL

Activité 9 : Dans un grand magasin

Vous êtes en France et vous entendez cette annonce dans un grand magasin. Répondez aux questions.

1. Aujourd'hui, votre magasin vous rembourse .... % du prix de vos courses.

2. Comment le magasin va-t-il vous rendre cet argent ?

❑ A ❑ B ❑ C

3. À partir de quand pourrez-vous utiliser cet argent ?
....

4. Pour obtenir une carte de fidélité, vous devez aller…
❑ au service clients.
❑ à l'accueil du magasin.
❑ au rayon « Parapluies ».

5. Quel document devez-vous présenter pour avoir une carte de fidélité ?

❑ A ❑ B ❑ C

Activité 10 : Au cinéma

Vous êtes à l'entrée d'un cinéma pour acheter un billet. Vous entendez l'annonce suivante. Répondez aux questions.

1. Où se trouvent les guichets automatiques ?

❏ A ❏ B ☑ C

2. Pour voir un film en trois dimensions, vous devez acheter votre billet à quelles caisses ? (deux réponses)

❏ 1 ❏ 2 ❏ 3 ☑ 4 ☑ 5 ❏ 6

3. De quoi aurez-vous besoin pour ce film ?
....

4. Pour quelle séance y a-t-il encore des places ?
....

5. Sur quel produit y a-t-il une promotion ?

❏ A ❏ B ❏ C

15

COMPRÉHENSION DE L'ORAL

3 Comprendre un message oral (sur répondeur)

Dans cette partie, vous devrez comprendre des messages enregistrés sur le répondeur d'un téléphone. Ces messages peuvent être professionnels ou personnels. Repérez les indices qui vous aident à comprendre qui appelle et pourquoi.

Activité 11 : Un message professionnel
Vous entendez ce message sur votre répondeur téléphonique. Répondez aux questions.

1. Madame Lucré téléphone pour vous…
- ☐ proposer un emploi.
- ☑ donner votre planning de travail.
- ☐ confirmer un entretien d'embauche.

2. Il s'agit d'un travail de…

☑ A

☐ B

☐ C

3. Quel jour Mme Lucré pourra-t-elle confirmer l'information ?
....

4. Quel est le numéro de téléphone portable de Mme Lucré ?
06 ....

Activité 12 : Un rendez-vous
Vous entendez ce message sur votre répondeur téléphonique. Répondez aux questions.

1. À quelle heure Zohra a-t-elle laissé ce message ?
....

2. Zohra appelle car elle…
- ☐ sort du bureau.
- ☐ revient de voyage.
- ☐ part en vacances.

16

3. Qu'a fait Zohra hier?

☐ A

☐ B

☒ C

4. Zohra vous propose d'aller...
☒ boire un café.
☐ faire des photos.
☐ vous promener au soleil.

21.01.20

Activité 13 : Une demande de confirmation

Vous habitez en France et vous écoutez ce message sur votre répondeur téléphonique. Répondez aux questions.

1. Tout à l'heure, Julien est allé à...
☐ une réunion.
☐ un déjeuner.
☒ un rendez-vous.

2. À quel salon devez-vous aller? ~~bureau~~ bereau
....

3. Quand? 9:30 demain
....

4. Patricia arrivera tôt pour...
☐ ouvrir le salon.
☒ préparer les affaires.
☐ retourner au bureau après.

5. À quelle heure Julien doit-il être au salon? 9:30   12
....

6. Julien vous propose d'aller au salon avec lui en...

☐ A

☐ B

☒ C

COMPRÉHENSION DE L'ORAL

4 Comprendre des émissions de radio

> Recherchez des indices pour identifier le type de programme à la radio. Par exemple :
> - fond musical : publicité ou début d'une émission ;
> - deux personnes qui parlent : interview ;
> - une personne qui parle longtemps d'un même sujet : reportage ;
> - une personne qui parle de plusieurs sujets très rapidement : flash info.

03.02.21

Activité 14 : Foires et salons

Vous entendez cette information à la radio. Répondez aux questions.

1. Il s'agit du salon du ....

2. Le salon a .... ans.

3. Combien a-t-il reçu de visiteurs depuis sa création ?
❏ 20 000   ❏ 200 000   ❏ 2 000 000

4. Citez deux animations qui se déroulent lors du salon.
- ....
- ....

5. Quel pays organise ce salon pour la première fois cette année ?
❏ États-Unis   ❏ Égypte   ❏ Japon

6. Que se passe-t-il le premier soir ?

❏ A   ❏ B   ❏ C

Activité 15 : Nouvelle tendance

Vous écoutez une radio française. Répondez aux questions.

1. Quel type de programme écoutez-vous ?
❏ Une publicité.
❏ Un reportage.
❏ Une interview.

2. Qu'est-ce que certaines entreprises proposent de mettre sur des objets ?
....

3. Aujourd'hui, quel est le nouvel objet utilisé par ces entreprises ?

❏ A   ❏ B   ❏ C

4. De qui sont les messages à coller ?
....

5. Combien peut-on gagner d'argent chaque mois ?
De .... à .... euros.

6. Si vous téléphonez à la radio, vous pouvez…
❏ poser des questions.
❏ donner votre opinion.
❏ participer à un sondage.

Activité 16 : Une interview
Vous écoutez la radio. Répondez aux questions.

1. Quel est le métier de l'invitée ?

❏ A   ❏ B   ❏ C

2. Elle vient parler d'une opération…
❏ sportive.   ❏ culturelle.   ❏ écologique.

3. Combien de personnes ont participé cette année ?
....

4. Quand aura lieu la prochaine édition de cette opération ?
....

5. Pour participer, il faut…
❏ écrire à l'invitée.   ❏ aller sur Internet.   ❏ contacter la radio.

19

COMPRÉHENSION DE L'ORAL

5 Comprendre une interaction entre locuteurs natifs

10.02.21

Écoutez attentivement et cherchez à savoir :
• si les personnes se disent « tu » ou « vous » (relation formelle ou informelle) ;
• si elles se connaissent (s'appellent-elles par leur nom ou prénom ?) ;
• quel est le sujet de discussion (vocabulaire du travail, de la famille, de l'école, etc.).

Activité 17 : Conversation avec un professeur
Vous entendez cette conversation à l'université. Répondez aux questions.

1. Lucas demande à madame Abry des informations sur…
☐ un voyage d'études. ☐ le prochain examen. ☐ le stage professionnel.

2. Avec qui Lucas voudrait-il entrer en contact ? ....

3. Madame Abry propose à Lucas de chercher des informations supplémentaires…
☐ sur Internet. ☐ à l'université. ☐ à la bibliothèque.

4. Que doit envoyer Lucas ? (deux réponses)
– ....
– ....

Activité 18 : Max va à l'école
Vous entendez cette conversation dans un supermarché. Répondez aux questions.

1. En ce moment, Caroline est très…
☐ stressée. ☐ occupée. ☐ fatiguée.

2. Quel sentiment Max avait-il pour l'école au début ?
....

3. Quand Max mangera-t-il à l'école ? ....

4. Murielle invite Caroline…
☐ chez elle. ☐ dans un café. ☐ au restaurant.

Activité 19 : L'avenir est à nous !
Vous entendez cette conversation entre deux étudiants. Répondez aux questions.

1. Quels sont les deux examens que doit passer Guillaume ?
....

2. Dans quelle école a étudié Eva ? ....

3. Que va faire Eva l'année prochaine ?
☐ Partir vivre en Chine. ☐ Faire un stage en entreprise. ☐ Suivre des cours à l'université.

4. Pourquoi Guillaume veut-il travailler l'an prochain ?
☐ Il veut vivre seul. ☐ Il déteste les études. ☐ Il veut gagner de l'expérience.

vers l'épreuve

17.02.21

Pour chaque document :
• lisez d'abord les questions ;
• écoutez une première fois et faites une pause de 30 secondes pour commencer à répondre aux questions ;
• écoutez une seconde fois et faites une pause de 30 secondes pour compléter vos réponses.
Répondez aux questions en cochant (☒) la bonne réponse ou en écrivant l'information demandée.

EXERCICE 1   5 POINTS

Vous êtes dans le métro à Paris et vous entendez cette annonce. Répondez aux questions.

1. Quel problème y a-t-il à la station Trocadéro ?   1 point
....

2. La ligne 9 du métro…   1 point
☒ est fermée pour travaux.
☐ fonctionne correctement.
☒ est indisponible actuellement.

3. Qu'est-ce que vous devez faire ?   1 point
....

4. Où se trouvent les personnes qui peuvent vous informer ?   1 point

☐ A   ☐ B   ☐ C

5. Quel transport en commun circule entre Château de Vincennes et La Défense ?   1 point

☐ A   ☒ B   ☐ C

COMPRÉHENSION DE L'ORAL

EXERCICE 2
6 POINTS

Vous habitez en France et vous écoutez ce message sur votre répondeur téléphonique. Répondez aux questions.

1. Qui est Caroline Dumoulin ?   1 point
   une conseillère

2. Caroline Dumoulin appelle pour vous proposer…   1 point
   ☑ un travail.
   ☐ une formation.
   ☐ un rendez-vous.

3. Quand est-ce que cela aura lieu ?   1 point
   avril 18.

4. Au début, on vous donnera des techniques pour mieux…   1 point

☐ A

☐ B

☑ C

5. Vous aurez alors plus…   1 point
   ☐ d'expérience.
   ☑ de confiance.
   ☐ de motivation.

6. Complétez le numéro de téléphone de Caroline Dumoulin.   1 point
   03 48 65 88 86 96 21

EXERCICE 3
6 POINTS

Vous écoutez la radio. Répondez aux questions.

1. Quel est le type de l'émission ?   1 point
   météo le temps

2. De quelle région parle-t-on ?　　　　　　　　　　　　　　　　　　　　　　　　　*1 point*
☐ La Vendée.
☑ La Bretagne.
☐ La Normandie.

3. Quel temps fera-t-il samedi matin ?　　　　　　　　　　　　　　　　　　　　　　*1 point*

☑ A　　　　　　　　　　☑ B　　　　　　　　　　☑ C

4. Laurent propose à Olivier de faire quelle activité dimanche ?　　magnifique　　*1 point*
.... soleil

5. Quelle température fera-t-il samedi après-midi ?　　　　très 15°　　　　　　　*1 point*
....

6. Dimanche, il sera agréable…　　　　　　　　　　　　　　　　　　　　　　　　　*1 point*
☑ de se baigner.
☐ d'aller à la piscine.
☑ de rester sur la plage.

EXERCICE 4　　　　　　　　　　　　　　　　　　　　　　　　　　　　　　　　　**8 POINTS**

Vous entendez cette conversation dans la rue. Répondez aux questions.

1. Quel sport fait Mehdi ?　　　　　　　　　　　　　　　　　　　　　　　　　　　*2 points*
.... le cours de Boxing ....

2. Mehdi est content…　　　　　　　　　　　　　　　　　　　　　　　　　　　　　*2 points*
☐ d'aller à la patinoire.
☐ de sortir avec Thomas.
☑ de faire une activité sportive.

3. Mehdi propose à Thomas…　　　　　　　　　　　　　　　　　　　　　　　　　*2 points*
☐ de rencontrer son professeur.
☐ de s'inscrire au championnat.
☑ de l'accompagner à son cours.

4. À quelle heure les deux amis ont-ils rendez-vous mercredi ?　　　19h　　　　*2 points*
....

23

COMPRÉHENSION DE L'ORAL

AUTOÉVALUATION

	☺	😐	☹
Je peux comprendre des phrases et expressions simples relatives à des domaines familiers et/ou concrets.		✓	
Je peux repérer des informations précises (chiffres, dates, lieux, noms, etc.).			✓
Je peux comprendre l'information essentielle d'un message simple et clair relatif à mes domaines de priorité.		✓	
Je peux identifier le but d'un message.		✓	
Je peux repérer le type d'une émission radiophonique.	✓		
Je peux comprendre l'information importante d'une émission de radio si le discours est clairement et lentement articulé.		✓	
Je peux identifier le thème principal d'une discussion ou d'une émission de radio.		✓	

Transcriptions

Activité 1 - page 10 / piste 2

Annonce 1
Le TGV numéro 492 à destination de Strasbourg partira voie D à 12 h 16.

Annonce 2
Le train TER 38041 qui relie Bordeaux à Périgueux est annoncé voie G. Il partira à 18 h 12.

Annonce 3
Mesdames et messieurs, le train 3547 à destination de Paris-Montparnasse est entré en gare voie K. Départ annoncé à 14 h 55.

Annonce 4
L'express régional numéro 8474 est arrivé à 9 h 21 voie C ; il repartira pour Toulouse à 9 h 38.

Annonce 5
Le train numéro 20369 à destination de Montpellier partira à 15 h 50 voie B.

Activité 2 - page 10 / piste 3

Extrait 1
— C'est combien, le bouquet de roses rouges s'il vous plaît ?
— 9,50 euros.

Extrait 2
— Alice, à quelle heure a lieu la réunion avec notre nouveau client ?
— On a rendez-vous à 15 heures dans le bureau du directeur, n'arrive pas en retard !

Extrait 3
— Chéri, où est-ce qu'on emmène les enfants en vacances cet été ?
— On pourrait aller chez mon cousin à la montagne pour changer ?

Extrait 4
— Eh Marie, on va boire un verre samedi soir après le ciné ?
— Oui, super, j'invite aussi Marine et Fred !

Extrait 5
— Bonjour, je viens chercher mon passeport.
— Quel est votre nom, s'il vous plaît ?

Activité 3 - page 11 / piste 4

Annonce 0
Le TGV 447 en provenance de Lille entrera en gare voie A.

Annonce 1
Mesdames et messieurs, suite à un accident, la circulation des métros est arrêtée sur la ligne 6.

Annonce 2
Le vol 4897 à destination de Saint-Denis de la Réunion partira à 18 h 20 porte 12.

Annonce 3
Votre supermarché Extra ouvrira exceptionnellement dimanche prochain toute la journée.

Annonce 4
Mesdames et messieurs, le musée ferme ses portes dans 20 minutes. Veuillez terminer votre visite et vous approcher de la sortie.

Annonce 5
Le petit Mathis attend ses parents à l'entrée Ouest du parc Manèges enchantés.

Activité 4 - page 12 / piste 5

Extrait 1
Aujourd'hui, chez Simone Fleurs, les roses sont en promotion : 6 euros seulement le bouquet de 10 roses !

Extrait 2
— Aujourd'hui, nous recevons Alain Blanchard, grand chef cuisinier au restaurant *Le Paris*. Alain Blanchard, depuis quand avez-vous cette passion pour la cuisine ?
— Oh, tout petit déjà, je passais des heures à cuisiner avec ma grand-mère...

Extrait 3
Et maintenant, vous pouvez gagner un magnifique voyage au soleil. Pour cela, téléphonez vite au 01 66 35 74 75 et répondez à la question suivante...

Extrait 4
Ce matin, il fait beau et chaud, et ce sera la même chose toute la journée ! Il fera 30 degrés cet après-midi.

Extrait 5
Aujourd'hui, je vous emmène à la découverte de Tahiti, une île magnifique de l'océan Pacifique. Je vous présenterai quelques habitants qui vous parleront de leur vie et de leurs traditions. Ensuite, comme moi, vous ne voudrez plus quitter cette île !

Activité 5 - page 12 / piste 6

Extrait 1
Le prix de l'électricité va encore augmenter l'année prochaine...

Extrait 2
Grâce à vos dons, la recherche médicale avance : un groupe de scientifiques vient de découvrir un vaccin contre...

Extrait 3
Football : ce soir, le match à ne pas manquer, c'est Lyon-Marseille...

Extrait 4
Élections régionales : le maire de Clermont-Ferrand, Julien Barreil, a annoncé sa candidature en Auvergne.

COMPRÉHENSION DE L'ORAL

Extrait 5
Le robot du futur s'appelle Robix ; c'est un tout petit robot capable de réaliser des tâches très difficiles avec une grande précision...

Extrait 6
L'événement culturel de cette semaine, c'est la reprise au Théâtre Michelet de la célèbre pièce de Molière...

Activité 6 - page 12 / piste 7

Situation 0
Bonjour, ici Paul Renard. J'ai bien reçu votre message. Je vous propose de nous rencontrer dans nos bureaux, lundi 15 février à 16 heures.

Situation 1
Salut, c'est Julia. J'ai reçu ton cadeau d'anniversaire, il est vraiment magnifique ! Merci, merci beaucoup !

Situation 2
Bonjour, ici Mme Martin, je voudrais prendre rendez-vous avec le docteur Mollat, s'il vous plaît.

Situation 3
Coucou, c'est Nelly. J'aimerais bien te voir, est-ce que tu veux venir dîner à la maison samedi ?

Situation 4
Bonjour, c'est Serge. Je suis désolé, je suis coincé dans les embouteillages. Je vais arriver en retard.

Situation 5
Salut, c'est Laura ! Toutes mes félicitations aux jeunes parents et bienvenue au petit Léo !

Activité 7 - page 13 / piste 8

Le vol AG 525 en provenance de La Nouvelle-Orléans est annoncé avec un retard de 55 minutes. Nous remercions les personnes qui attendent les voyageurs de bien vouloir se rendre porte 15. Nous vous prions de nous excuser pour la gêne occasionnée.

Activité 8 - page 13 / piste 9

Mesdames et messieurs, il est 19 h 50. Le parc fermera ses portes dans 10 minutes. Nous vous invitons à vous diriger rapidement vers la sortie la plus proche.
Les gardiens sont à votre disposition pour vous indiquer comment quitter les jardins.
Le restaurant du parc reste ouvert jusqu'à 20 h 30.
Nous vous rappelons que le parc est ouvert sans interruption de 8 h 30 à 20 heures tous les jours, sauf le lundi.

Activité 9 - page 14 / piste 10

Chère cliente, cher client, aujourd'hui, 10 % de vos achats sont remboursés avec votre carte de fidélité. Oui, 10 % ! Par exemple, pour l'achat d'un parapluie à 25 euros, vous recevrez un bon d'achat de 2,50 euros valables dès demain pour tout achat. Vous n'avez pas encore de carte de fidélité ? Venez vite la chercher à l'accueil, elle est gratuite ! Cette offre est réservée aux plus de 18 ans sur présentation d'une pièce d'identité.

Activité 10 - page 15 / piste 11

Mesdames, Messieurs, nous vous informons que des guichets automatiques sont à votre disposition à l'entrée du cinéma, sur votre gauche. Pour les films d'animation en trois dimensions, vous devez acheter votre ticket en caisses 4 et 5. Nous vous remettrons alors les lunettes spéciales pour ces films. La séance de 18 h 30 est complète, mais il reste des places pour la séance de 20 heures. Et en ce moment, grande promotion sur les boissons : une achetée, une seconde offerte ! Les cinémas Jaimeleciné vous souhaitent une agréable soirée.

Activité 11 - page 16 / piste 12

Bonjour, c'est madame Lucré, de l'Institut de langues Eurolangues. Êtes-vous disponible la semaine prochaine à partir de mercredi pour donner des cours intensifs à des étrangers qui viennent d'arriver à Paris ? Ce n'est pas encore sûr, j'aurai la confirmation... lundi. Je vous remercie d'avance de me rappeler au 06 40 22 37 86 ou de m'envoyer un courriel pour me dire si vous êtes d'accord. Au revoir, à bientôt.

Activité 12 - page 16 / piste 13

Allô c'est Zohra ! Il est 14 heures, je t'appelle pour te dire que je suis rentrée du Canada il y a deux jours ! Je me suis un peu reposée, enfin beaucoup même : j'ai dormi toute la journée hier ! Donc ça va mieux et si tu n'as rien de prévu cet après-midi, on peut peut-être aller prendre un petit café au soleil ! Je te montrerai mes photos ! Rappelle-moi si tu as mon message ! Salut !

Activité 13 - page 17 / piste 14

Salut, c'est Julien ! Je n'ai pas pu aller te voir avant mon rendez-vous, et quand je suis arrivé au bureau, tu n'étais plus là ! On va toujours ensemble au Salon du commerce, demain ? Patricia arrivera vers 8 heures, avant l'ouverture, pour préparer le matériel ; elle m'a demandé d'être là-bas à 9 h 30. Je peux passer te chercher en voiture à 9 heures. Sinon, tu peux prendre le métro, ligne 12, pour aller au Salon ; il faut descendre au dernier arrêt. Rappelle-moi pour confirmer ! À bientôt !

Activité 14 - page 18 / piste 15

C'est bientôt le Salon du chocolat à Paris, et cette année, il fête son 15e anniversaire !
Les amoureux du chocolat sont fidèles : plus de 2 millions de visiteurs à travers le monde ont permis à l'événement d'avoir lieu chaque année ! Ses nombreuses animations (démonstrations de grands chefs, expositions, danses folkloriques des pays du chocolat, conférences qui racontent tous les secrets du cacao), font de ce Salon gourmand l'un des rendez-vous les plus attendus de l'année.
Le Salon du chocolat se déroule dans le monde entier. En plus des États-Unis, de la Russie, de la Chine et du Japon, deux nouveaux pays, l'Égypte et l'Espagne, l'organisent aussi cette année.
La première soirée s'ouvrira sur un défilé de robes en chocolat ! Chocolatiers et maisons de couture travaillent ensemble pour créer des habits chocolatés.

Activité 15 - page 18 / piste 16

Tous les moyens sont bons pour gagner de l'argent ! Ainsi, des entreprises proposent des publicités à placer sur des objets personnels que tout le monde peut voir, tous les jours. Cette technique est ancienne : qui n'a pas un stylo ou un calendrier au nom de sa banque, par exemple ? Aujourd'hui, c'est la même chose avec votre voiture ! C'est facile : vous acceptez tout simplement de coller des messages d'une marque sur votre véhicule. Plus votre voiture a de publicités, plus vous gagnez d'argent : de 70 à 500 euros par mois ! Seules conditions : votre véhicule doit être propre et en bon état, et vous devez l'utiliser régulièrement. Un bon moyen d'augmenter son salaire ou une conséquence de la société de consommation ? Nous attendons vos témoignages au 02 21 63 48 93.

Activité 16 - page 19 / piste 17

Radio Francophonie, bonjour, je reçois aujourd'hui une femme d'exception ; les Français la connaissent bien et l'apprécient beaucoup. Elle adore le bateau, normal, elle est navigatrice, elle a fait le tour du monde à la voile en solitaire, bonjour Manon Breton !
— Bonjour tout le monde !
— Parlez-nous de l'opération « Plages propres ». Il s'agit de ramassage des déchets et ça a eu lieu sur les plages de Saint-Tropez. Comment ça s'est passé ?
— Ah très bien, c'est notre première édition de nettoyage des plages. Il y a eu beaucoup de monde, près de 400 personnes au total, beaucoup d'enfants avec des tee-shirts, des gants, des sacs. Tout le monde a participé et c'est très bien ! Il faut éviter que de nombreux oiseaux et poissons meurent avec des bouchons et des mégots de cigarette dans l'estomac.
— Comment faire pour agir et participer à la prochaine édition ?
— Eh bien, elle aura lieu en Normandie au mois de mai. Pour participer il suffit de s'inscrire sur notre site Internet.
— Merci Manon et au revoir !
— Au revoir et bonne journée !

Activité 17 - page 20 / piste 18

Lucas : Madame Abry, je voudrais vous poser des questions à propos de mon stage de fin d'études. Est-ce que vous pouvez m'aider ?
La prof : Bien sûr, je t'écoute Lucas !
Lucas : Voilà, je voudrais faire un stage au Japon mais je ne sais pas très bien comment faire pour contacter des entreprises.
La prof : Bon, d'abord, il faut que tu cherches des entreprises qui ont l'habitude de prendre des stagiaires. Va au bureau des stages de l'université, ils pourront sûrement t'aider à en trouver !
Lucas : Excellente idée !
La prof : Regarde ensuite celles qui travaillent avec la France ou d'autres pays où l'on parle français. Comme tu parles aussi japonais, c'est mieux pour l'entreprise !
Lucas : Et je dois leur envoyer mon CV en japonais ?
La prof : Oui je pense que c'est le mieux ! N'oublie pas d'envoyer également une lettre de motivation.
Lucas : Merci madame, au revoir !

Activité 18 - page 20 / piste 19

Murielle : Bonjour Caroline, ça fait longtemps qu'on ne se voit plus !
Caroline : Bonjour Murielle ! C'est vrai, depuis que Max est entré à l'école, je n'ai plus beaucoup de temps. Je l'accompagne et je vais le chercher tous les jours, même à midi, alors mes journées sont courtes. Et le soir, je dois l'aider à faire ses devoirs.
Murielle : Pourquoi ? Max ne mange pas à la cantine ?
Caroline : Il avait très peur de l'école au début, alors j'ai préféré qu'il rentre manger à la maison. Mais maintenant, il est content, il a des copains. Alors oui, c'est prévu : le mois prochain, il mangera avec ses amis à la cantine de l'école.
Murielle : C'est bien, tu auras un peu plus de temps pour toi ! Tu pourras venir prendre le café à la maison !
Caroline : D'accord, je te téléphone ! Oh, il est quatre heures et quart, Max va bientôt sortir de l'école ! Au revoir !

Activité 19 - page 20 / piste 20

Eva : Salut Guillaume !
Guillaume : Salut Eva !
Eva : Ça fait longtemps qu'on ne s'est pas vus, qu'est-ce que tu deviens ?
Guillaume : Je suis toujours à la fac, mais j'ai bientôt fini ! Il me reste encore des examens d'anglais et d'économie à passer. Et toi ?
Eva : Tu te souviens que je fais une école de commerce ? Eh bien, je finis les cours dans deux semaines, enfin !
Guillaume : Et l'année prochaine, tu vas faire quoi ?
Eva : Ben, en fait, comme je voudrais partir travailler en Chine, je vais m'inscrire à l'université pour prendre des cours de chinois et compléter ma formation. Et toi ?
Guillaume : Moi, je préfère commencer à travailler tout de suite. J'aime les études, mais j'ai vraiment envie de gagner de l'argent pour pouvoir louer un appartement, parce que je ne veux plus vivre chez mes parents !
Eva : Oui, je te comprends. Moi aussi j'aimerais pouvoir inviter tous mes amis, manger quand je veux, organiser des fêtes, mais bon, je ferai ça à Shanghai peut-être !
Guillaume : Oui, c'est sûr !

VERS L'ÉPREUVE

Exercice 1 - page 21 / piste 21

Mesdames et messieurs, en raison d'une panne d'électricité à la station Trocadéro, le trafic est interrompu temporairement sur la ligne 9. Nous vous demandons de bien vouloir descendre du métro. Nos agents sur le quai vous aideront à trouver la meilleure solution pour continuer votre voyage avec d'autres moyens de transport. Attention, la ligne 1 du métro fonctionne normalement, vos correspondances en direction de Château de Vincennes ou La Défense sont assurées.

Exercice 2 - page 22 / piste 22

Bonjour, Caroline Dumoulin, votre conseillère du Pôle emploi. Je vous propose un stage de recherche d'emploi dans deux semaines. Vous apprendrez d'abord de nouvelles techniques de rédaction de CV

COMPRÉHENSION ORALE

et de lettres de motivation. Vous pourrez plus tard suivre un second stage pour apprendre à contacter les employeurs par téléphone, à bien parler lors d'un entretien, etc. Ces stages vous redonneront confiance ! J'ai besoin d'une réponse le 19 au plus tard ; rappelez-moi au 03 88 96 74 27. Merci.

Exercice 3 - page 22 / piste 23

— Et maintenant, la météo. Alors Laurent, quel temps fera-t-il ce week-end ? La Bretagne sera-t-elle sous la pluie ou sous le soleil ?
— Les deux, Olivier, les deux ! Vous aurez de fortes pluies samedi dans la matinée, et l'après-midi, le ciel restera couvert, avec un vent violent : attention, risque de tempêtes ! Vous qui aimez le bateau, faites une sortie en mer dimanche, car vous aurez un magnifique soleil toute la journée. Du côté des températures, il fera plutôt frais samedi : on attend seulement 17 degrés l'après-midi. Mais dimanche, la température montera jusqu'à 25 degrés : n'oubliez pas votre maillot de bain pour bronzer sur la plage ! Et si vous êtes très courageux, vous pourrez aussi vous baigner, mais dans une eau à... 16 degrés !

Exercice 4 - page 23 / piste 24

Mehdi : Salut Thomas, comment ça va ?
Thomas : Bien ! Et toi, Mehdi ? Tu as l'air en pleine forme !
Mehdi : Merci ! Je suis super content, j'ai recommencé les cours de boxe après plusieurs années d'interruption. C'était difficile au début, mais maintenant, j'ai repris le rythme. Physiquement, je me sens beaucoup mieux maintenant que je refais du sport régulièrement !
Thomas : Ça se voit ! Et comment tu as trouvé ce cours ?
Mehdi : J'ai vu une annonce à la patinoire. C'est une petite association de quartier qui organise des cours de différents sports. Moi je vais à la boxe deux soirs par semaine. Le prof est très sympa, et c'est un ancien champion d'Europe ! En plus, les cours ne coûtent pas très cher : 200 euros pour toute l'année. Mais j'y pense, pourquoi tu ne viens pas avec moi mercredi soir ? Tu pourras regarder comment on travaille, et si ça te plaît, tu pourras t'inscrire aussi.
Thomas : C'est une bonne idée ! Je passe te prendre à 19 heures mercredi !

COMPRÉHENSION DES ÉCRITS

Descripteur global

✓ Peut comprendre de courts textes simples sur des sujets concrets courants contenant un vocabulaire extrêmement fréquent, y compris un vocabulaire internationalement partagé.

Lire pour s'orienter

✓ Peut trouver un renseignement spécifique et prévisible dans des documents courants simples.

✓ Peut localiser une information spécifique dans une liste et isoler l'information recherchée.

✓ Peut comprendre les signes et les panneaux courants dans les lieux publics.

Comprendre la correspondance

✓ Peut comprendre une lettre personnelle simple et brève.

✓ Peut reconnaître les principaux types de lettres standards habituelles (demande d'information, commandes, confirmations, etc.) sur des sujets familiers.

Lire des instructions

✓ Peut suivre le mode d'emploi d'un appareil d'usage courant.

✓ Peut comprendre un règlement concernant, par exemple, la sécurité, quand il est rédigé simplement.

Lire pour s'informer et discuter

✓ Peut identifier l'information pertinente sur la plupart des écrits simples rencontrés tels que lettres, brochures et courts articles de journaux décrivant des faits.

COMPRÉHENSION DES ÉCRITS

pour vous **aider**

➡ NATURE DE L'ÉPREUVE ET SAVOIR-FAIRE

L'épreuve de *Compréhension des écrits* comporte 4 exercices.
Elle est notée sur 25 points et dure 30 minutes.
Vous devrez répondre à des questionnaires de compréhension portant sur 4 courts documents écrits.

Les principaux savoir-faire requis pour réussir cette épreuve sont la capacité à :
- identifier la nature des documents lus ;
- identifier le thème principal ;
- comprendre l'information essentielle d'un document ;
- comprendre des informations détaillées.

➡ LES SUJETS

Les documents support pour l'épreuve de *Compréhension des écrits* peuvent être :
- des menus, des prospectus, des annonces, des pages d'annuaires, des panneaux courants, etc. *(exercice 1 sur 5 points)* ;
- des lettres standards habituelles ou des lettres personnelles courtes et simples *(exercice 2 sur 6 points)* ;
- des instructions simples *(exercice 3 sur 6 points)* ;
- des textes informatifs simples sur des sujets de la vie quotidienne *(exercice 4 sur 8 points)*.

➡ QUELQUES CONSEILS

La consigne

▶ Dans la partie *Compréhension des écrits*, la consigne générale est beaucoup plus courte que celle de la *Compréhension de l'oral*. Lisez-la attentivement : elle explique ce que vous devez faire pour les 4 exercices. La voici :

▶ Puis vous trouverez une consigne particulière avant chaque exercice. Par exemple : « Vous recevez ce document dans votre boîte aux lettres », etc.

Vous êtes mis en situation dans chaque exercice : on vous indique au début de chaque activité où vous vous trouvez et ce que vous devez faire. Par exemple, on vous signale que vous êtes à l'université en France au moment où vous lisez le document proposé : « Vous êtes en France, dans une université et vous lisez ce document. Répondez aux questions. »

Vous êtes l'acteur principal de chaque activité !

Les questions

▶ **Lisez bien toutes les questions : elles suivent toujours l'ordre du texte. Pour chaque document, vous devez répondre à plusieurs questions.** Repérez sur quoi elles portent : **Qui ? À qui ? Avec qui ? Quoi ? Quand ? Combien ? Où ? Comment ?** Dans certains cas, vous trouverez également une question générale en première position.

On ne vous demande pas de tout comprendre, mais de savoir extraire les informations essentielles.

⚠ Si vous ne pouvez pas répondre à une question, ne vous inquiétez pas ! Ne perdez pas de temps et répondez aux questions suivantes.

▶ Exemples de questions fréquentes :

1. Combien de personnes ont visité l'exposition ?
5 450. ← Vous répondez en écrivant une réponse chiffrée.

2. Quel cadeau d'anniversaire aimerait Jean-Marc ?
Un appareil photo. ← Vous répondez en écrivant quelques mots ou une phrase courte.

3. Le stage commence le …*1ᵉʳ mars*… et finit le …*30 juin*… ← Vous répondez en complétant la phrase.

4.

Situation	Annonce
1. Naïma aime rencontrer ses écrivains préférés.	E

← Vous écrivez la lettre ou le numéro de l'annonce.

5. Vrai ou faux ? Cochez la case correspondante et recopiez la phrase ou la partie du texte qui justifie votre réponse.
L'hôtel « Îles du Paradis » accueille les animaux domestiques.
Vrai ☐   Faux ☒ ← Vous répondez en cochant (☒) la bonne réponse et vous écrivez la phrase du texte qui correspond.

Justification : « *Attention : l'hôtel n'accepte pas nos amis les animaux.* »…

6. Vous trouvez cet article dans quelle rubrique du journal ?
☒ Culture. ← Vous répondez en cochant (☒) la bonne réponse.
☐ Politique.
☐ Économie.

7. À quelle heure avez-vous rendez-vous avec M. Duchêne ?

09.30 **10.30** **11.30**
☒ A   ☐ B   ☐ C

← Vous répondez en cochant (☒) la case de l'image correspondante.

31

COMPRÉHENSION DES ÉCRITS

pour vous entraîner

N'oubliez pas !
Il y a quatre informations importantes à comprendre (ou repérer). Vous devez :
1. Lire la consigne de l'exercice.
2. Bien identifier la situation de communication.
3. Lire les questions et le document.
4. Compléter vos réponses.

1 Lire pour s'orienter

Dans cette partie, vous devez associer une situation à un petit texte.
Vous n'avez pas besoin de comprendre tous les mots, seulement les mots-clés des petits textes et de la situation. Soulignez-les ou entourez-les pour vous aider !
Regardez un exemple dans l'activité ci-dessous.

Activité 1 : À la télévision
Vous regardez le programme télévision de ce soir avec des étudiants du cours de français.

1. TF1	2. france 2	3. france 3	4. france 5	5. M6
FRANCE / ROUMANIE	HORS DE PRIX	MAISON & DÉCO	FOURCHETTE ET SAC À DOS	CAPITAL
Sport	*Cinéma*	*Divertissement*	*Culture*	*Infos*
Genre : Football	Genre : Comédie	Genre : Reportage	Genre : Documentaire	Genre : Magazine économique
Avant de rencontrer la Serbie pour un match très important, l'équipe de France accueille la Roumanie au Stade de France.	Jean est serveur dans un grand hôtel. Il tombe amoureux de la jeune Irène, qui ne s'intéresse qu'à l'argent de Jacques, beaucoup plus âgé qu'elle, mais très riche.	Guillaume a quitté le Sud de la France pour venir travailler à Paris. Il demande de l'aide à Nathalie Sherpan et à son équipe pour décorer son nouvel appartement.	La recette du chocolat chaud réalisée à partir de fèves de cacao mexicain est célèbre dans le monde entier.	Au sommaire : Alimentaire : enquête sur le prix de la viande. Assurance maison : peut-on faire baisser la facture ? Super-promo : la nouvelle guerre des vêtements.

Aidez les étudiants à choisir ce qu'ils vont regarder. Écrivez dans la case correspondante le numéro du programme qui intéressera le plus chaque personne.

Situation	Numéro du programme
a. Ana aime beaucoup s'occuper de sa maison.	3
b. Laura adore les histoires d'amour.	
c. David s'intéresse à la cuisine.	4
d. Oliver est passionné de sport.	
e. Akiko aime économiser de l'argent.	5

Activité 2 : Les vacances

Vos amis lisent ces annonces sur le site Internet d'une agence de voyages.

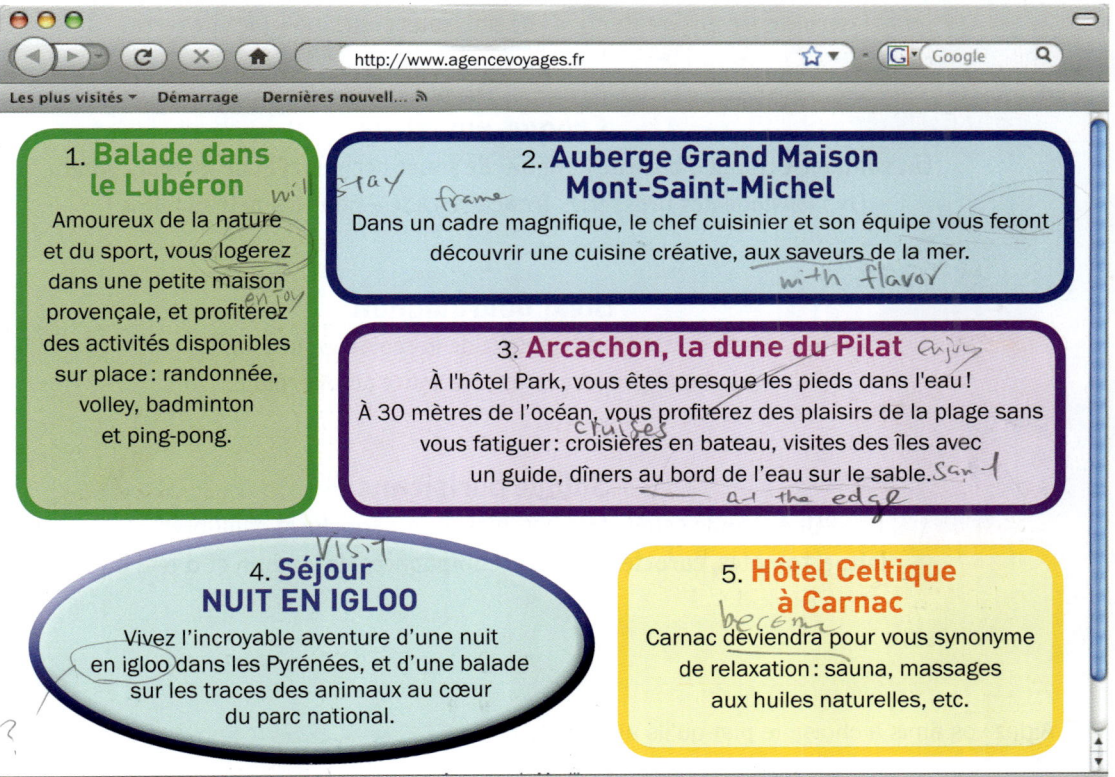

Où vos amis vont-ils partir en vacances ?
Associez l'annonce qui correspond le mieux à chacun de vos amis.

Situation	Numéro de l'annonce
a. Lucie veut faire du sport.	1
b. Élise aime vivre des aventures extraordinaires.	4
c. Guillaume s'intéresse à la cuisine française.	2
d. Amaëlle adore la mer et la plage.	3
e. Pierre veut se détendre et se reposer.	5

33

Activité 3 : Au festival de cuisine française

Vous êtes à un festival de cuisine française avec vos amis et vous vous informez sur les plats traditionnels.

1
Gratin de légumes méditerranéens
Pour les amateurs de tomates, aubergines et courgettes.
Préparé avec de l'huile d'olive, des herbes de Provence et du fromage.

2
Choucroute de la mer
Une version « maritime » du célèbre plat alsacien,
servie avec différents types de poissons et des pommes de terre.

3
Croque-monsieur
Un sandwich chaud à base de jambon, de sauce béchamel et de fromage fondu.
Un classique des brasseries françaises, idéal pour les petites faims !

4
Bœuf bourguignon
Une recette traditionnelle de la région Bourgogne :
du bœuf préparé dans une sauce au vin rouge.

5
Salade parisienne
Une grande salade très complète, mais fraîche et équilibrée :
laitue, tomates, carottes, olives accompagnées de jambon et d'œuf dur.

Aidez vos amis à choisir le plat qu'ils aimeront le plus !

Situation	Plat choisi (indiquer le chiffre)
a. Sonia veut manger un plat froid.	
b. Victor n'a pas beaucoup d'appétit aujourd'hui.	
c. Thomas adore la viande.	
d. Carmen est végétarienne.	
e. Fatima aime beaucoup le poisson.	

2 Comprendre une correspondance

Vous pouvez trouver dans cette partie :
• une correspondance personnelle (courriel, carte postale, invitation, lettre, etc.) ;
• une correspondance administrative (demande de paiement, suivi de commande, demande de confirmation, etc.).
Pour bien comprendre ces documents, vous devez identifier l'expéditeur (qui écrit ?), la date s'il y en a une (quand ?), l'objet (pourquoi il écrit ?).

Activité 4 : Le train

Votre assistant prépare votre prochain voyage professionnel à Cherbourg. Vous recevez ce courriel.

Répondez aux questions.

1. Ce message est...
❑ une annonce publicitaire.   ❑ une demande de paiement.   ☑ une confirmation de voyage.

2. Que devez-vous faire pour obtenir votre billet ?
☑ Attendre chez vous.
❑ Téléphoner au service clientèle.
❑ Aller sur le site Internet de la SNCF.

COMPRÉHENSION DES ÉCRITS

3. Comment votre assistant a-t-il payé votre billet ?
☑ Sur Internet.   ☐ Par téléphone.   ☐ À l'agence de voyages.

4. Que devez-vous mettre sur votre valise ? ....

Activité 5 : Déplacement professionnel
Vous recevez ce message électronique. Répondez aux questions.

De : Abel@netcourrier.fr
Objet : **Des nouvelles…**

Salut,
Je suis à Toulouse depuis trois jours. Toulouse est une grande ville, mais comparée à Paris et ses grands immeubles, c'est la campagne : il y a beaucoup de charmantes petites maisons et les toits sont roses, c'est très joli ! Malheureusement, je n'ai pas eu le temps de me promener hier soir : je suis allé dîner avec mes collègues toulousains. J'ai eu de longues réunions de travail tous les jours et j'ai mal dormi la nuit à cause du stress…
Sinon, je suis vraiment triste de ne pas pouvoir venir à ton anniversaire samedi prochain.
Je serai de retour à Paris mardi, je t'appellerai avant ton départ à Marseille.
Bises,
Abel

---

1. Abel vous envoie un courriel de…
☐ Paris.
☑ Toulouse.
☐ Marseille.

2. Pourquoi Abel trouve-t-il que Toulouse ressemble à la campagne ? (deux réponses)
- ....
- ....

3. À Toulouse, Abel…
☑ a beaucoup travaillé.
☐ a surtout visité la ville.
☐ est souvent sorti avec ses collègues.

4. Pourquoi Abel a-t-il mal dormi ?
....

5. Pourquoi Abel est-il triste ?
☑ Il va manquer votre fête.
☐ Il doit rentrer à Marseille mardi.
☐ Il doit rester travailler à Toulouse.

Activité 6 : Vacances dans le Périgord
Vous recevez cette lettre de votre amie Léa. Répondez aux questions.

> Coucou !
>
> Je trouve enfin un moment pour t'écrire pendant nos vacances dans le Périgord.
>
> La région est magnifique et on peut faire tout ce qu'on aime ! Nous avons fait des promenades à cheval, du canoë et du vélo ; nous avons aussi visité plusieurs châteaux du XVe siècle et la grotte de Lascaux, un site préhistorique. Vendredi nous irons au Bournat, un musée qui présente un village du XIXe siècle.
>
> Tu sais que nous sommes gourmands : nous sommes très contents d'aller visiter samedi des fermes où on fabrique des spécialités gastronomiques régionales !
>
> Les enfants sont vraiment heureux de ces vacances, et nous aussi ! Nous pensons revenir dans cette région l'année prochaine. Tu viendras avec nous ?
>
> Je t'embrasse,
> Léa

1. Que pense Léa de la région Périgord ?
La région est magnifique

2. Quels lieux a visités Léa ?
❏ Des parcs régionaux.
❏ Des marchés artisanaux.
☒ Des monuments anciens.

3. Vendredi, Léa fera une activité…
❏ sportive.
☒ culturelle.
❏ gastronomique.

4. Que peut-on découvrir dans certaines fermes ?
Des spécialités gastronomiques régionales

5. L'année prochaine, Léa veut…
❏ visiter une nouvelle région.
☒ retourner dans le Périgord.
❏ aller en vacances chez vous.

COMPRÉHENSION DES ÉCRITS

3 Lire des instructions

Cette partie est orientée principalement vers le monde du travail. Vous pourrez y trouver :
- des modes d'emploi ;
- des consignes de sécurité ;
- des documents de type administratif, commercial, etc., qui expliquent ce qu'il faut faire dans des situations particulières.

Vous reconnaîtrez le type de document au langage utilisé et parfois aussi à sa présentation :
- instructions à l'infinitif ou à l'impératif ;
- utilisation d'expressions telles que « il faut », « vous devez », « il est nécessaire de », « il est interdit », etc. ;
- images, logos, signalétique.

Activité 7 : Les chèques-cadeaux

Vous lisez le mode d'emploi du « chèque-cadeau *Surpriz* ». Répondez aux questions.

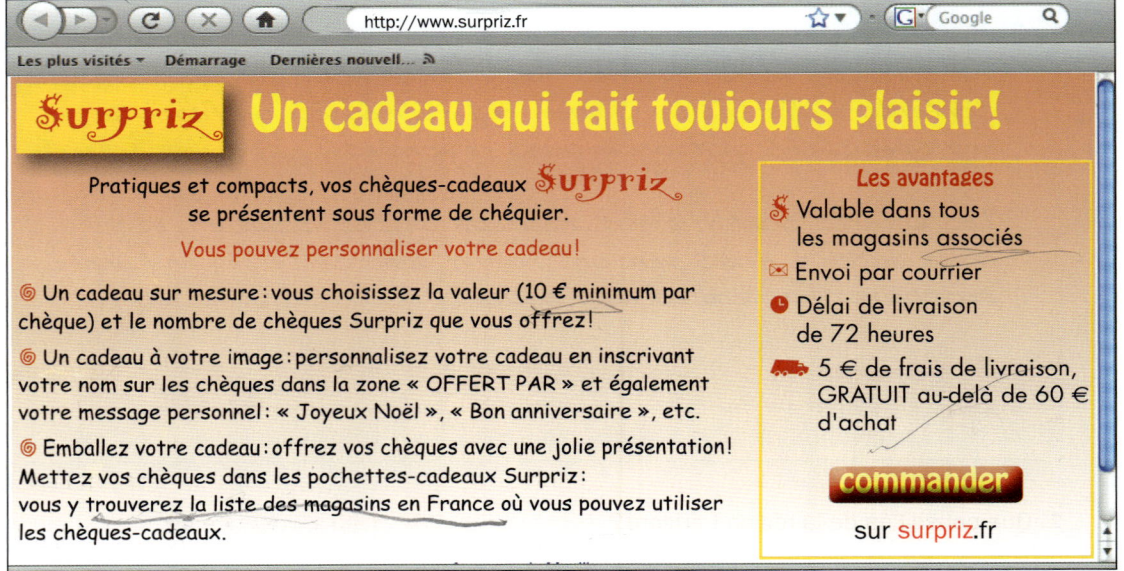

1. Le cadeau *Surpriz*, c'est :

❏ A   ❏ B   ❏ C

2. Quelle est la valeur minimale d'un chèque *Surpriz* ? ___10 €___

3. *Surpriz* peut être utilisé…

❏ sur *Surpriz*.fr.   ☑ dans les magasins partenaires.   ❏ dans tous les magasins de France.

4. Comment peut-on recevoir son *Surpriz* ?

☑ Par courriel.   ❏ Par la Poste.   ❏ Dans les magasins partenaires.

Activité 8 : Le Curriculum Vitae

Vous voulez travailler en France et vous vous informez sur la façon de rédiger un bon CV sur un site Internet de recherche d'emploi. Lisez le document et répondez aux questions.

COMMENT RÉALISER UN BON CURRICULUM VITAE ?

Voici les **6 règles d'or** pour rédiger un bon CV

1. Choisissez une présentation claire et agréable ! Votre CV doit vous représenter au mieux et s'adapter à chaque nouvel employeur, il faut donc souvent le modifier.

2. Donnez toutes les informations qui vous permettront d'être facilement contacté(e) : nom, prénom, numéro de téléphone, courriel.

3. Indiquez clairement votre objectif professionnel et vos compétences professionnelles.

4. Soyez synthétique et bref. Votre CV doit montrer l'essentiel de votre expérience et de vos compétences. Le recruteur fait une lecture rapide de votre CV et celui-ci doit retenir son attention. Il ne doit comporter que des renseignements utiles.

5. Soyez précis sur vos missions et vos responsabilités. Parlez d'activités et de tâches.

6. Donnez des chiffres, quand vous le pouvez, pour illustrer vos résultats.

En conclusion, votre CV doit donner envie de vous rencontrer lors d'un entretien !

Source : *Guides pour agir*, www.pole-emploi.fr

1. D'après le texte, pourquoi devez-vous souvent modifier votre CV ?
....

2. Dans votre CV, vous devez obligatoirement...
❑ expliquer vos motivations.   ☑ indiquer vos coordonnées.   ❑ mettre une photo d'identité.

3. Dans votre CV, vous devez...
❑ lister toutes vos activités extra-professionnelles.
☑ présenter seulement vos compétences principales.
❑ indiquer uniquement une petite partie votre expérience.

4. Que devez-vous justifier par des chiffres ?
....

39

COMPRÉHENSION DES ÉCRITS

23-02-20

Activité 9 : Trouver un emploi

Vous voulez travailler en France et vous vous informez sur les techniques de recherche d'emploi.

Pour bien rédiger votre lettre de motivation en réponse à une annonce...

Votre lettre doit être claire, courte, directe, unique, lisible, personnelle et aborder trois points :

☞ *Votre candidature est justifiée :*
Montrez que vous connaissez l'entreprise et expliquez pourquoi vous répondez à cette annonce.

☞ *Vous êtes le candidat idéal pour ce poste :*
Présentez les points forts de votre CV : utilisez les mots-clés de l'annonce et donnez des exemples personnels tirés de votre expérience professionnelle et/ou de vos études ou diplômes.

☞ *Vous êtes disponible pour cet emploi :*
Rappelez que vous êtes prêt à commencer ce travail immédiatement et finissez votre lettre avec une formule de politesse simple.

N'oubliez pas qu'une lettre de motivation doit donner envie au recruteur de consulter votre Curriculum Vitae parmi des dizaines, parfois des centaines, de dossiers de candidature. Votre lettre de motivation ainsi que votre CV vous ouvrent les portes de l'entreprise car ils peuvent vous permettre de passer ensuite un entretien.

D'après www.salaireonline.com

Répondez aux questions.

1. De quel type de document parle le texte ?

☐ A   ☐ B   ☐ C

2. Quels éléments de votre CV devez-vous reprendre dans ce document ?

....

3. Vous pouvez occuper le poste...

☐ maintenant.   ☐ après votre formation.   ☐ à la fin de votre actuel contrat.

4. Quand il lit une lettre unique et personnelle, le recruteur...

☐ décide de proposer le poste à ce candidat.
☑ veut avoir plus d'informations sur ce candidat.
☑ convoque directement ce candidat à un entretien.

5. Que pouvez-vous obtenir grâce à un bon dossier de candidature ? ....

Vous voulez travailler en France ? Il faut rédiger un CV et indiquer par écrit vos motivations, soit dans une lettre de motivation, soit dans le courriel qui accompagne votre CV. Pour plus d'informations, vous pouvez consulter le site Internet de Pôle emploi : http://www.pole-emploi.fr

4 Lire pour s'informer

Dans cette partie, vous devez comprendre des informations générales et détaillées qui portent sur des sujets de la vie quotidienne. Il s'agit d'articles de presse, de brochures touristiques, d'affiches publicitaires, etc.
Les questions posées suivent toujours l'ordre du texte. Lisez-les avant, elles vous donneront des informations utiles pour identifier le thème du document et ainsi mieux le comprendre.
Vous ne connaissez pas tous les mots ? Ne paniquez pas : la présentation du document, les illustrations et le contexte peuvent également vous aider à comprendre le texte.

Activité 10 : Thomas Dutronc

Vous lisez cet article sur Internet.

THOMAS DUTRONC

Fils de deux chanteurs connus, Thomas Dutronc est né en 1973 à Paris. Parce qu'il vit dans un univers artistique, il se passionne pour la photographie d'abord, puis se rapproche progressivement de la musique. Vers ses 18 ans, il commence la guitare et s'imprègne de jazz manouche, aux côtés des meilleurs musiciens de Paris. À cette époque, il obtient son bac scientifique avec mention très bien, mais peu conventionnel, il s'inscrit à l'université en… arts ! Puis la musique le rattrape, il joue dans les bars et les bistrots, et travaille l'art de la guitare.
Thomas travaille sur de nombreux projets. Il s'illustre au cinéma d'abord, où il joue dans plusieurs films. Il participe également à de nombreux projets musicaux, comme des bandes-annonces de film.
De nombreux succès lui donnent confiance et le poussent à écrire des chansons de plus en plus personnelles. Au fur et à mesure, Thomas Dutronc dessine son propre univers.
À 34 ans, Thomas Dutronc sort son premier album solo. Le public, qui le connaissait musicien, guitariste, le découvre aussi chanteur…
Thomas Dutronc a été nommé aux Victoires de la musique dans les catégories "Artiste révélation du public" et "Album de l'année".

Répondez aux questions.

1. Pourquoi Thomas Dutronc a-t-il grandi dans un milieu artistique ?

....

2. Quand il était adolescent, à quoi Thomas s'est-il intéressé en premier ?

❏ A ❏ B ❏ C

COMPRÉHENSION DES ÉCRITS

3. Vrai ou faux ? Cochez la case correspondante et recopiez la phrase ou la partie du texte qui justifie votre réponse.

	Vrai	Faux
Thomas Dutronc a commencé la musique car il avait des difficultés dans les études.	☐	☐

Justification :
....

4. Vrai ou faux ? Cochez la case correspondante et recopiez la phrase ou la partie du texte qui justifie votre réponse.

	Vrai	Faux
Thomas Dutronc a également été acteur.	☐	☐

Justification :
....

5. Que fait Thomas Dutronc dans son premier album ?
....

Activité 11 : Une jeune femme décidée !

Vous lisez cet article sur Internet. Répondez aux questions.

http://www.femmeactive.fr

Le portrait du mois : Vanessa, pompier volontaire

Vanessa, 25 ans, est secrétaire. Mais, depuis six ans, elle est aussi sapeur-pompier volontaire. À dix-neuf ans, Vanessa a décidé de donner aux autres une partie de son temps libre : « *J'ai voulu devenir pompier volontaire pour aider les gens. Je veux me sentir utile* », explique-t-elle.

Être sapeur-pompier n'est pas une activité réservée aux hommes. Comme eux, les femmes doivent avoir de la force physique, être résistantes et suivre un entraînement sportif régulier ; dans la caserne* de Vanessa, un pompier sur six est une femme.

Cette activité demande du temps : « *Toutes les trois semaines, nous sommes obligés de travailler du lundi au vendredi de 21 heures à 6 heures et le week-end du vendredi soir au lundi matin. Nous devons aussi participer à un exercice pratique mensuel et aux défilés officiels comme le 14 juillet**.* »

Quand on lui demande si le regard des autres ou son propre regard sur elle-même a changé, Vanessa sourit : « *Pas du tout, je suis toujours la même ! Mais ça a peut-être changé quelque chose pour ma famille, qui est fière de ce que je fais.* »

* Caserne : bâtiment où sont installés les pompiers
** 14 juillet : fête nationale française

1. Dans cet article, Vanessa parle d'une activité pratiquée dans sa vie…
☐ personnelle.
☐ universitaire.
☐ professionnelle.

2. Pour quelle raison Vanessa a-t-elle souhaité devenir pompier volontaire ?

pour aider les gens

3. Vrai ou faux ? Cochez la case correspondante et recopiez la phrase ou la partie du texte qui justifie votre réponse.

	Vrai	Faux
Dans la caserne de Vanessa, il y a moins de femmes pompiers que d'hommes.	☒	☐

Justification : *un pompier sur six est une femme*

4. Vrai ou faux ? Cochez la case correspondante et recopiez la phrase ou la partie du texte qui justifie votre réponse.

	Vrai	Faux
Les pompiers volontaires travaillent toutes les semaines.	☐	☒

Justification : *toutes les trois semaines, nous sommes obligés de travailler.*

5. À quel type de cérémonies participent les pompiers volontaires ?

aux défilés officiels comme le 14 juillet

6. D'après le texte, la famille de Vanessa...
☐ refuse sa décision.
☒ s'inquiète pour elle.
☐ reconnaît son courage.

Activité 12 : Étudier dans une petite ville de province

Vous lisez cet article dans le journal. Répondez aux questions.

INFOS

Bientôt une université dans notre ville !

Le Centre d'enseignement supérieur et de formation professionnelle va être créé à la rentrée prochaine et devenir un modèle pour toute la région Aquitaine.

Pour cela, la construction d'un bâtiment de 1 500 m² va commencer, avec un grand amphithéâtre pour les cours et conférences et du matériel de formation à distance très moderne. Tous les centres de formation de Bergerac auront aussi accès à ces moyens techniques.

Un élu* local est très heureux de voir un centre de formation se développer dans sa ville. « Former des jeunes dans notre ville peut faire venir des entreprises, c'est très positif pour l'économie. De plus, l'enseignement est organisé par l'université de Bordeaux, nous sommes donc sûrs que la formation est de qualité. Eh oui, c'est bien une université, mais à la campagne, dans une zone agricole. »

Ce nouvel établissement devrait pouvoir accueillir 250 personnes par an. Verra-t-on bientôt des étudiants fuir l'animation, mais aussi le stress d'une ville comme Bordeaux pour s'installer à Bergerac ? Ici, on en est sûr. ■

* personne choisie par vote lors d'une élection

D'après Arnauld Bernard, www.sudouest.com, 18 juin 2009

1. Dans quelle région française va-t-on construire cette université ?

Bergerac

COMPRÉHENSION DES ÉCRITS

2. Vrai ou faux ? Cochez la case correspondante et recopiez la phrase ou la partie du texte qui justifie votre réponse.

	Vrai	Faux
Seul le Centre d'enseignement supérieur et de formation professionnelle pourra utiliser le matériel de formation à distance.	☑	☐

Justification : *devenir un modèle*

3. On attend quel résultat de la construction de ce Centre ?
☐ La création d'autres universités.
☑ Le développement de l'agriculture.
☐ L'arrivée de nouveaux employeurs.

4. Vrai ou faux ? Cochez la case correspondante et recopiez la phrase ou la partie du texte qui justifie votre réponse.

	Vrai	Faux
Le Centre d'enseignement supérieur va programmer seul les cours.	☐	☐

Justification : *l'ensei en organis pr*

5. Qu'est-ce qui rend cette université différente des autres, d'après l'élu local ?
☑ Son matériel moderne.
☐ Ses domaines d'études.
☐ Sa situation géographique.

6. Combien d'étudiants attend-on chaque année ?
25

44

vers l'épreuve

N'oubliez pas !
Vous avez 30 minutes pour lire et répondre aux 4 documents proposés dans cette partie. Regardez-les tous avant de commencer ! Évaluez le temps de lecture qu'il vous faudra pour chaque document. Lisez rapidement le type de questions posées puis commencez par l'exercice de votre choix.

EXERCICE 1   5 POINTS

Vous êtes à Paris avec vos amis et vous voulez visiter un musée. Vous regardez le site Internet de l'Office du tourisme.

1. Centre Georges Pompidou	2. Cité des sciences et de l'industrie	3. Musée d'Orsay
Ce bâtiment à l'architecture contemporaine abrite le Musée national d'Art moderne : peinture, architecture, photographie et design sont au rendez-vous.	 Sciences et techniques n'auront plus de secrets pour vous après cette visite instructive et amusante, adaptée pour les petits et les grands !	 Célèbre surtout pour sa collection de tableaux impressionnistes, ce musée présente aussi des œuvres représentatives de tous les arts occidentaux pour la période 1848-1914.

4. Cinémathèque française	5. Musée du quai Branly
 Les passionnés du « septième art » trouveront ici des objets authentiques : affiches, décors, costumes, etc., pour découvrir l'histoire du cinéma.	 Consacré aux arts et civilisations d'Afrique, d'Asie, d'Océanie et des Amériques, ce jeune musée est un véritable lieu de dialogues entre les cultures.

Aidez vos amis à choisir le musée qu'ils aimeront le plus !

1 point par réponse correcte

Situation	Musée choisi (indiquer le numéro)
a. Manuel rêve de connaître le monde des films.	4
b. Juliette adore les arts du XIXe siècle.	3
c. Ludovic est passionné par la technologie.	2
d. Rebecca aime découvrir les cultures du monde entier.	5
e. Mehdi est très intéressé par l'art contemporain.	1

45

COMPRÉHENSION DES ÉCRITS

EXERCICE 2   6 POINTS

Vous recevez le faire-part suivant dans votre boîte aux lettres. Répondez aux questions.

M. et Mme Jérôme Renoir   M. et Mme Paul Ballanquière

ont le plaisir de vous annoncer
le mariage de leurs enfants

Noémie & Damien

le 3 juillet prochain
à Périgueux

La cérémonie civile aura lieu à la mairie à 15 heures
et la cérémonie religieuse à la cathédrale à 15 h 45.

Les jeunes mariés vous attendront pour un cocktail
à la salle des fêtes de Périgueux à partir de 18 h 30.

Réponse souhaitée avant le 31 mai.

Liste d'hôtels près de Périgueux disponible sur demande.

M. et Mme Renoir   Noémie et Damien   M. et Mme Ballanquière
05 53 24 67 51   4, rue du Vieux Puits   05 53 46 78 99
                          86000 Poitiers

---

1. C'est un document…   *1 point*
☑ personnel.
☐ administratif.
☐ professionnel.

2. Où devrez-vous d'abord aller ?   *1 point*
☐ À l'église.
☑ À la mairie.
☐ À la salle des fêtes.

3. Qu'est-ce qu'il y aura après les deux cérémonies ?   *1,5 point*
....

4. Avant le 31 mai, vous devrez…   *1 point*
☐ téléphoner aux parents.
☑ confirmer votre présence.
☐ réserver une chambre d'hôtel.

5. Dans quelle ville habitent Noémie et Damien ?   *1,5 point*
....

EXERCICE 3   6 POINTS

Vous travaillez dans le laboratoire d'une université française et vous lisez les consignes de sécurité. Répondez aux questions.

> ⚠️ **CONSIGNES GÉNÉRALES DE SÉCURITÉ**
>
> ✓ Pour des raisons de sécurité, il faut toujours minimum deux personnes par service : en cas d'accident d'une des deux personnes, l'autre pourra alors prévenir les secours ; en cas d'incendie, une personne pourra commencer à éteindre le feu et l'autre appellera les pompiers.
>
> ✓ S'il y a besoin de faire un travail seul et/ou en dehors des horaires d'ouverture, le chef de service doit être informé et il doit donner son accord par écrit ; ce document indiquera les activités autorisées et les travaux interdits.
>
> ✓ Chaque étage possède un local spécial, avec une alarme incendie, pour ranger les produits chimiques. Attention : il est obligatoire de signaler très lisiblement avec des affiches ce local, parce qu'il contient des produits dangereux (produits toxiques, inflammables, etc.).
>
> ✓ Quand vous quittez un laboratoire, vérifiez toujours que l'eau, le gaz et l'électricité sont fermés.

1. Pourquoi devez-vous toujours être au moins deux travailleurs par service ?   1,5 point

   parque en cas d'accident et d'incendie

2. Il y a le feu dans le laboratoire. Votre collègue appelle les secours. Et vous, que faites-vous ?   1 point

   ☑ A   ☐ B   ☐ C

3. Pour pouvoir travailler seul, vous devez…   1 point
   ☑ demander une autorisation écrite.
   ☐ téléphoner à votre chef de service.
   ☐ venir en dehors des heures d'ouverture.

4. Que trouvez-vous dans les locaux équipés d'une alarme incendie ?   1,5 point

   produits dangereux

5. Avant de quitter le laboratoire, vous devez…   1 point
   ☑ faire des contrôles de sécurité.
   ☐ ranger le matériel dans le local.
   ☐ signaler votre départ à votre chef.

47

COMPRÉHENSION DES ÉCRITS

EXERCICE 4   8 POINTS

Vous lisez cet article dans un magazine. Répondez aux questions.

Yann Marty vit dans une yourte en France, cette tente qui sert de maison aux habitants de Mongolie ! « J'ai décidé d'habiter de cette manière en 2000. Je travaillais à Rennes dans la photographie, puis je suis tombé malade. Cette situation m'a fait comprendre ce qui était vraiment important pour moi. J'ai choisi de vivre d'une façon plus légère, sans ces choses qu'on garde tout au long de sa vie. » Mais Yann aime aussi le confort : il fait chaud dans sa yourte et il a même un ordinateur portable ! « Je ne veux pas vivre avec rien : j'aime avoir chaud l'hiver, et je souhaite garder le contact avec les autres via Internet ! ». Une batterie solaire alimente son ordinateur portable et lui permet de se connecter sur Internet : « Les gens qui ont fait un choix de vie différent sont très liés entre eux, et nous sommes assez nombreux. 20 % des jeunes n'ont pas les moyens de se loger : souvent, ils restent chez leurs parents, mais parfois certains choisissent ce mode de vie original. »

D'après le *Rennais* n° 408

1. Vrai ou faux ? Cochez la case correspondante et recopiez la phrase ou la partie du texte qui justifie votre réponse.

	Vrai	Faux	
Yann Marty est parti vivre dans une yourte en Mongolie.	☑	☐	1,5 point

Justification : cette tente qui sert de maison aux habitants de...

2. Vrai ou faux ? Cochez la case correspondante et recopiez la phrase ou la partie du texte qui justifie votre réponse.

	Vrai	Faux	
Avant 2000, il était photographe.	☑	☐	1,5 point

Justification : Je travaillais à R...

48

3. Quel événement lui a fait changer de vie ?   *1,5 point*

.... Il est tombé malade ....

4. Yann a décidé de changer de vie pour des raisons…   *1 point*
- ☒ médicales.
- ☐ personnelles.
- ☐ professionnelles.

5. Comment Yann communique-t-il avec ses amis ?   *1,5 point*

.... sur / par Internet ....

6. Certains jeunes choisissent ce mode de vie car…   *1 point*
- ☒ ils ont peu d'argent.
- ☐ ils aiment la solitude.
- ☐ ils voyagent beaucoup.

COMPRÉHENSION DES ÉCRITS

AUTOÉVALUATION

	🙂	😐	☹️
Je peux comprendre des textes courts et simples sur des sujets familiers.	✓		
Je peux reconnaître différents types de lettres (administratives, personnelles, confirmations de commande, etc.).	✓		
Je peux identifier le but d'une lettre (donner des nouvelles, inviter, proposer, etc.).	✓		
Je peux comprendre les informations principales d'un texte simple.	✓		
Je peux trouver des informations spécifiques dans un document courant (menu, programme télé, etc.).	✓		
Je peux comprendre des consignes et des modes d'emploi simples.	✓		

PRODUCTION ÉCRITE

Descripteur global

Production écrite générale

✓ Peut écrire une série d'expressions et de phrases simples reliées par des connecteurs simples tels que « et », « mais » et « parce que ».

Interaction écrite générale

✓ Peut écrire de brèves notes simples en rapport avec des besoins immédiats.

Écriture créative

✓ Peut écrire sur les aspects quotidiens de son environnement, par exemple les gens, les lieux, le travail ou les études, avec des phrases reliées entre elles.

✓ Peut écrire des biographies imaginaires et des poèmes courts et simples sur les gens.

✓ Peut faire une description brève et élémentaire d'un événement, d'activités passées et d'expériences personnelles.

Correspondance

✓ Peut écrire une lettre personnelle très simple pour exprimer remerciements ou excuses.

PRODUCTION ÉCRITE

pour vous aider

➡ NATURE DE L'ÉPREUVE ET SAVOIR-FAIRE

L'épreuve de *Production écrite* comporte 2 exercices.
Elle est notée sur 25 points et dure 45 minutes.
Vous devrez :
- décrire un événement ou raconter une expérience personnelle (écriture créative) ;
- écrire pour inviter, remercier, vous excuser, demander, informer ou féliciter (écrit en interaction).

Les principaux savoir-faire requis pour réussir cette épreuve sont :
- identifier la situation de communication décrite dans la consigne ;
- comprendre les informations des documents supports proposés ;
- identifier le type de réponse à apporter ;
- écrire sur la vie quotidienne (les gens, le travail, les activités, la famille, etc.) ;
- décrire des expériences personnelles ;
- raconter un événement passé (vacances, voyages, etc.) ;
- écrire pour demander ou proposer des choses (invitations, remerciements, etc.) ;
- écrire pour exprimer sentiments et émotions.

➡ LES SUJETS

L'exercice 1 (*13 points*) de l'épreuve de *Production écrite* peut prendre la forme :
- d'une lettre ;
- d'un courriel ;
- d'une page de journal personnel ou de journal de bord ;
- d'un essai (par exemple dans le cadre d'un forum sur Internet) ;
- d'un essai libre (par exemple « votre professeur vous demande de raconter ») sur des thèmes de la vie quotidienne (les vacances, les études, les personnes, etc.).

L'exercice 2 (*12 points*) peut avoir un document support comme :
- une carte postale ;
- un petit message ;
- un faire-part ;
- un courriel très bref.
Vous y répondrez par une lettre ou un courriel.

pour vous entraîner

1 Se préparer à rédiger des textes

Nous vous proposons de commencer par trois activités d'entraînement. Elles vous aideront à vous préparer à l'épreuve de production écrite du DELF A2.

➡ Comprendre le sujet

> Pour réussir l'épreuve de production écrite, lisez bien la consigne afin de comprendre ce qu'il faut faire : pourquoi écrivez-vous, dans quel but, à qui, de quoi allez-vous parler, quelle doit être la longueur du texte, quelle forme doit avoir votre production, etc. ? Cela vous donnera des informations importantes pour choisir correctement le registre de langue, les formules de politesse, le vocabulaire, les temps à employer, etc.

Activité 1

Voici une consigne de production écrite du DELF A2. Soulignez les éléments importants pour réussir l'exercice et classez-les dans les cases correspondantes dans le tableau ci-dessous. Que devrez-vous utiliser dans votre texte pour répondre à ces éléments ?

Vous avez gagné un voyage en France grâce à un magazine francophone. À votre retour, vous écrivez un court article pour ce magazine : vous racontez vos vacances (lieux visités, activités, temps, etc.) et vous donnez vos impressions sur votre voyage. (60 à 80 mots)

Format du texte	
Longueur attendue *(expected length)*	
Destinataire du texte	
Registre de langue attendu	
Actes de parole *(speech act)* (= que devez-vous décrire ou raconter ?)	
Lexique à utiliser	
Temps à employer	

53

PRODUCTION ÉCRITE

➡ Savoir compter les mots

Les consignes de production écrite du DELF A2 indiquent toujours le nombre de mots à utiliser, en général de 60 à 80 mots. Attention : si vous ne respectez pas le nombre de mots, vous risquez de perdre des points !
Il est donc important de savoir compter chaque mot, c'est-à-dire tout ensemble de caractères séparé des autres par deux espaces. Par exemple :
- Quelle belle journée ! → 3 mots.
- Il fait froid aujourd'hui. → 4 mots.
- Quelle heure est-il ? → 3 mots.
- Pierre n'est pas arrivé, pouvez-vous l'appeler ? → 6 mots.

Activité 2
Comptez le nombre de mots de ce message.

Nombre de mots : 32

> Monsieur Papin a téléphoné tout à l'heure. Il n'a pas encore reçu sa commande et voudrait connaître la date d'envoi pour contacter la poste. Pouvez-vous le rappeler, s'il vous plaît ?
> C'est urgent, merci.

➡ Utiliser le vocabulaire approprié

Dans les exercices de production écrite du DELF A2, on vous demandera de parler de choses familières : les loisirs, la famille, les études, le travail, les vacances, etc. Vous devrez également réaliser des actions particulières : demander des nouvelles, inviter, décrire, etc.
Il est très important de pouvoir demander tout cela de plusieurs manières différentes. Cela permet de montrer que vous avez un vocabulaire riche.

Activité 3
Pour chaque thème, proposez, par écrit, plusieurs formulations de phrases / questions. Observez l'exemple pour vous aider. Attention, dans l'exemple, nous avons utilisé « tu », mais dans l'examen vous devrez peut-être utiliser ces expressions avec « vous » pour bien répondre à la consigne !

Exemple :

| Inviter quelqu'un | → J'aimerais t'inviter à la maison / à dîner / au cinéma, etc.
→ Est-ce que tu veux venir à la maison... ?
→ Et si tu venais manger chez moi ? |

- Refuser une invitation
- Remercier
- Prendre des nouvelles de quelqu'un
- Découvrir les loisirs de quelqu'un
- Découvrir les projets de vacances de quelqu'un
- S'informer sur quelque chose
- Dire pourquoi une chose vous a plu ou déplu

2 Se préparer à l'exercice 1 (écriture créative)

➡ Définition de l'épreuve

Dans cet exercice, on vous demandera de décrire un événement ou de raconter une expérience personnelle et de donner vos impressions. Vous devrez donc toujours imaginer, développer les éléments de récit indiqués dans la consigne et en même temps dire les sentiments ou impressions que ces faits ou événements créent en vous.

On pourra ici vous demander d'écrire de nombreux types de texte : correspondance (lettre, courriel), article pour un magazine ou une page web, page d'un journal intime, texte pour votre blog, texte pour un forum sur Internet, etc.

> Pour raconter un événement ou une expérience, vous allez utiliser le passé (composé ou imparfait). Pour donner vos impressions, vous allez utiliser des adjectifs positifs ou négatifs, des verbes qui expriment des sentiments (aimer, détester, adorer). N'oubliez pas la ponctuation (points d'exclamation et points de suspension).
>
> Le sujet à traiter peut être accompagné d'un petit texte (par exemple, un message auquel vous devrez répondre ou une annonce lue sur Internet) et/ou d'illustrations ; dans ce cas, vous n'êtes pas obligé(e) d'utiliser les images, elles sont là seulement pour vous donner des idées.
>
> Si vous manquez d'imagination pour parler de personnes ou d'événements imaginaires, ne paniquez pas ! Rappelez-vous vos propres souvenirs ou pensez à des situations vécues par des amis.

Activité 4

Voici une série d'adjectifs que vous pouvez utiliser pour donner vos impressions. Notez ✚ (impression positive) ou ▬ (impression négative) sous chaque mot. Écrivez ensuite d'autres adjectifs que vous connaissez !

Nul – génial – mauvais – excellent – magnifique – déçu – formidable – triste – fantastique – extraordinaire – désagréable – joli – délicieux – laid – agréable – drôle – raté – difficile.

Activité 5

Décrivez chaque photo en quelques mots et dites à chaque fois l'impression qu'elle vous donne.

Description :	Description :	Description :	Description :
Le mariage de ma meilleure amie l'année dernière.			
Impression :	Impression :	Impression :	Impression :
Un moment plein d'émotions, on a ri et on a pleuré !			

PRODUCTION ÉCRITE

Activité 6

Regardez les photos ci-dessous, imaginez que vous y êtes allé(e). Décrivez ce que vous avez vu et ce que vous avez fait.

(Utilisez le vocabulaire qui correspond à la situation et variez-le : évitez les répétitions ! Utilisez les temps du passé pour raconter ce que vous avez vu et ce que vous avez fait).

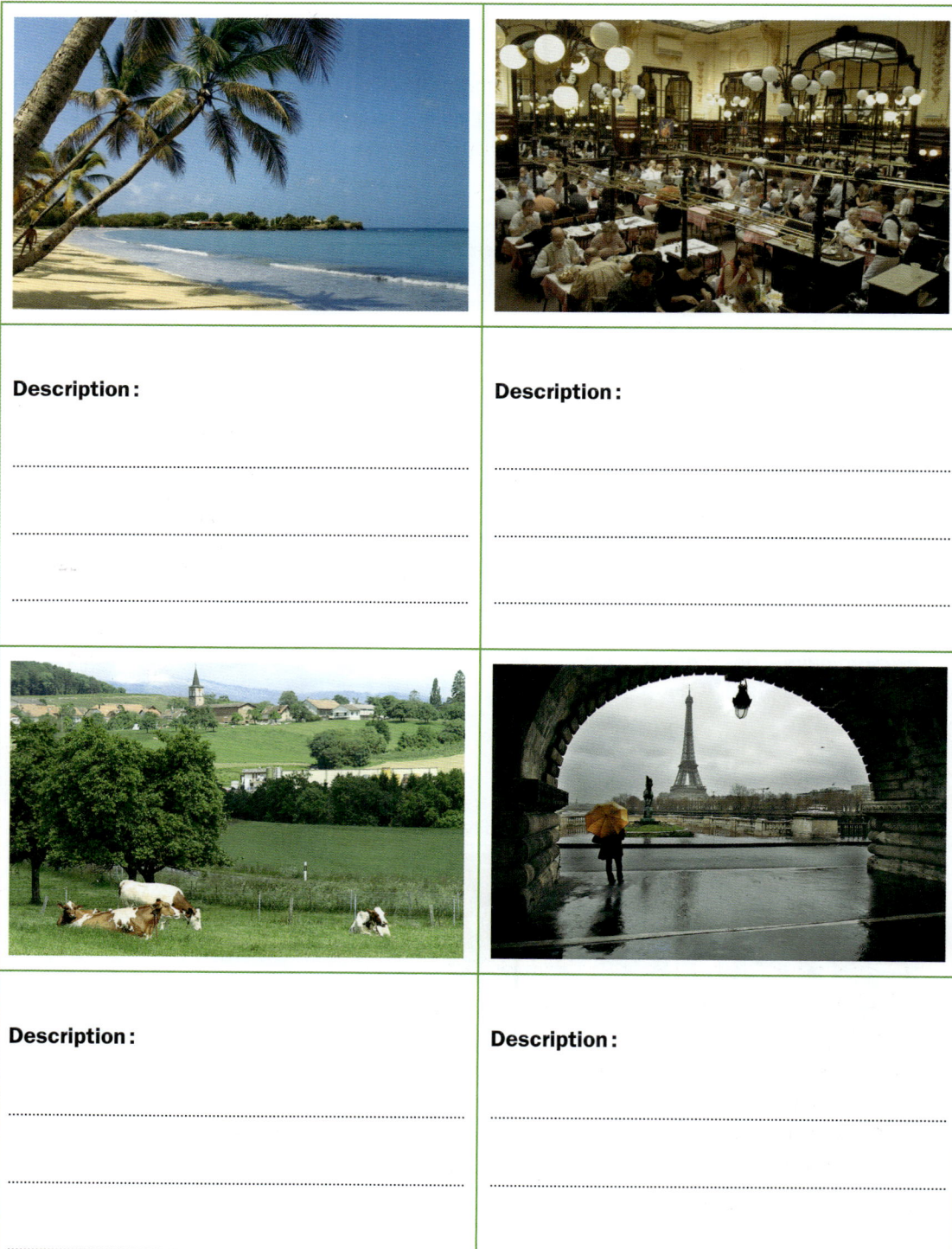

Description :

....
....
....

Description :

....
....
....

Description :

....
....
....

Description :

....
....
....

Activité 7

Lisez le texte ci-dessous : il peut être amélioré ! Réécrivez-le en ajoutant des mots (mots de liaison, adverbes, pronoms relatifs, etc.) et des signes de ponctuation (virgules, points d'exclamation, etc.).

Je vais vous parler de Vanessa Paradis. J'aime beaucoup Vanessa Paradis. C'est une grande actrice. Elle est belle. Elle joue très bien. Mon film préféré avec elle, c'est une comédie sentimentale : L'Arnacœur. Je l'ai déjà vu deux fois. J'adore les comédies romantiques. Le film est léger et amusant. L'autre acteur, Romain Duris, est excellent. Vanessa Paradis est chanteuse. Je n'aime pas quand elle chante. Je ne trouve pas sa voix agréable. Je préfère son ancien compagnon : le chanteur Lenny Kravitz. Elle vit avec un homme parfait, un acteur magnifique lui aussi : Johnny Depp. Elle a beaucoup de chance Vanessa Paradis.

Je vais vous parler de…

Les connecteurs logiques au niveau A2					
Addition Et De plus Puis	**Alternative** Ou Soit… soit Ou… ou Ou bien	**Cause** Car En effet Effectivement Parce que	**Comparaison** Comme Aussi… que Plus que Moins que	**Conclusion** Bref Ainsi Donc En résumé Finalement Enfin	**Liaison** Alors Aussi Également
Condition, supposition Si Sinon	**Conséquence** Donc À cause de	**Classification, énumération** D'abord Après Ensuite Pour finir	**Explication** C'est-à-dire	**Illustration** Par exemple Comme	**Opposition** Mais Sauf

Activité 8

Vous êtes allé(e) au mariage de votre ami français.

a) Racontez ce qui s'est passé et donnez vos impressions en utilisant les informations de votre choix, à partir du programme.

Samedi 18 août

14 h : mariage à la mairie
15 h : cérémonie à l'église du village
17 h : arrivée sur le lieu de la fête (20 km en voiture)
17 h 30 : cocktail dans le parc / photographies des mariés
19 h 30 : dîner (200 personnes)
20 h à 23 h : jeux et animations (pendant le dîner)
23 h : dessert et discours des mariés
23 h 30 : ouverture du bal : tout le monde sur la piste de danse !
3 h : retour à l'hôtel

Le mariage a eu lieu le samedi 18 août…

57

PRODUCTION ÉCRITE

b) À vos comptes !

Combien d'activités avez-vous décrites ? .... Combien de verbes différents avez-vous utilisés pour les décrire ? .... Combien d'impressions avez-vous données ? .... Combien d'adjectifs avez-vous utilisés ? .... Combien de connecteurs avez-vous employés ? ....

Cela vous paraît-il suffisant ? Que pourriez-vous améliorer ?

➡ Comprendre la grille d'évaluation

La note : il est important pour vous de savoir que vous serez évalué(e) sur **six critères** (13 points). Le lecteur devra comprendre votre texte sans avoir lu la consigne de l'exercice ! Vous devrez donc bien expliquer de quoi vous parlez, quand, comment et pourquoi cela s'est passé, et ce que vous en avez pensé.

Critère	Barème	Conseil
Respect de la consigne Peut mettre en adéquation sa production avec la situation proposée. Peut respecter la consigne de longueur minimale indiquée.	0 / 0,5 / 1	Respectez la situation demandée dans la consigne (récit de vacances, concert, etc.). Écrivez au minimum 60 mots.
Capacité à raconter et à décrire Peut décrire de manière simple des aspects quotidiens de son environnement (gens, choses, lieux) et des événements, des activités passées, des expériences personnelles	0 / 0,5 / 1 / 1,5 / 2 / 2,5 / 3 / 3,5 / 4	Racontez et décrivez plusieurs choses, de façon simple mais avec quelques détails, et soyez précis. Variez ce que vous écrivez et comment vous l'écrivez ! Faites preuve d'imagination : place aux idées !
Capacité à donner ses impressions Peut communiquer sommairement ses impressions, expliquer pourquoi une chose plaît ou déplaît.	0 / 0,5 / 1 / 1,5 / 2	Écrivez toujours ce que vous ressentez. Dites si vous avez aimé ou pas, et expliquez pourquoi.
Lexique/orthographe lexicale Peut utiliser un répertoire élémentaire de mots et d'expressions relatifs à la situation proposée. Peut écrire avec une relative exactitude phonétique mais pas forcément orthographique.	0 / 0,5 / 1 / 1,5 / 2	Utilisez le vocabulaire qui va avec la situation que vous décrivez. Évitez les répétitions et utilisez des adjectifs, des expressions et des verbes variés.
Morphosyntaxe/orthographe grammaticale Peut utiliser des structures et des formes grammaticales simples relatives à la situation donnée mais commet encore systématiquement des erreurs élémentaires.	0 / 0,5 / 1 / 1,5 / 2 / 2,5	Adaptez les temps à la situation (passé pour raconter) et construisez des phrases simples mais correctes.
Cohérence et cohésion Peut produire un texte simple et cohérent. Peut relier des énoncés avec les articulations les plus fréquentes.	0 / 0,5 / 1 / 1,5	N'oubliez pas de relier les phrases entre elles (utilisez « donc », « mais », « alors » etc., pour vous aider). Utilisez aussi la ponctuation correctement.

Activité 9

Observez à présent une production d'une candidate de niveau A2, qui a obtenu 13 points. Pour chaque critère, expliquez pourquoi cette candidate a eu le maximum de points.

Consigne : *Vous revenez d'un stage d'une semaine en France. Vous racontez votre séjour (destination, activités, visites) sur votre blog pour vos amis français. Vous donnez vos impressions sur cette expérience. (60 à 80 mots).*

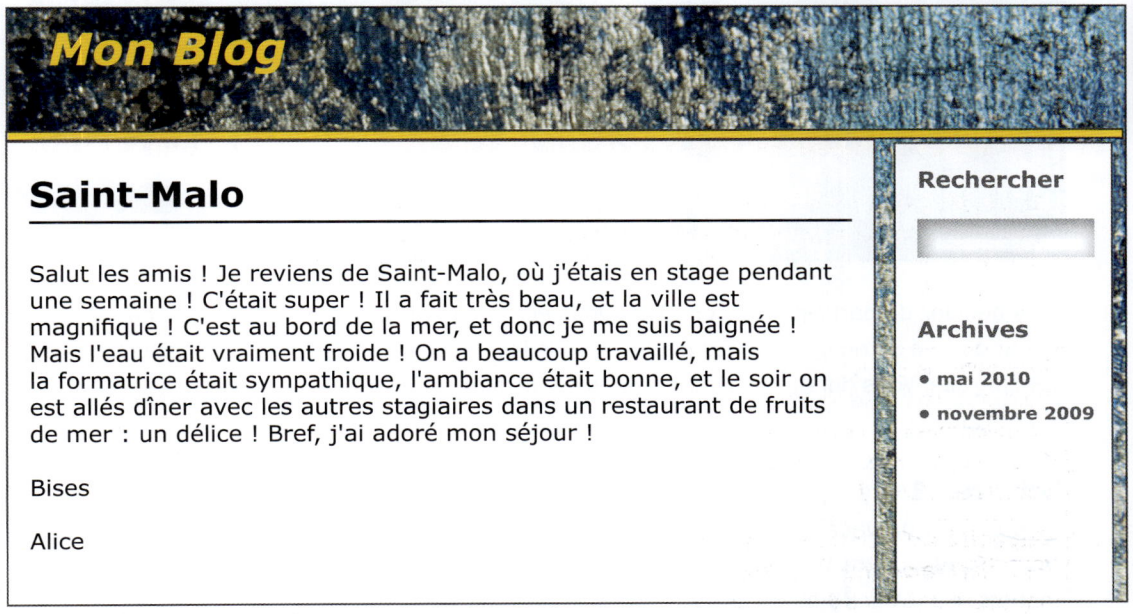

Mon Blog

Saint-Malo

Salut les amis ! Je reviens de Saint-Malo, où j'étais en stage pendant une semaine ! C'était super ! Il a fait très beau, et la ville est magnifique ! C'est au bord de la mer, et donc je me suis baignée ! Mais l'eau était vraiment froide ! On a beaucoup travaillé, mais la formatrice était sympathique, l'ambiance était bonne, et le soir on est allés dîner avec les autres stagiaires dans un restaurant de fruits de mer : un délice ! Bref, j'ai adoré mon séjour !

Bises

Alice

Rechercher

Archives
- mai 2010
- novembre 2009

Respect de la consigne Nombre de mots :	0	0,5	**1**					
Capacité à raconter et à décrire	0	0,5	1	1,5	2	2,5	3	3,5	**4**
Capacité à donner ses impressions	0	0,5	1	1,5	**2**				
Lexique /orthographe lexicale	0	0,5	1	1,5	**2**				
Morphosyntaxe / orthographe grammaticale	0	0,5	1	1,5	2	**2,5**			
Cohérence et cohésion	0	0,5	1	**1,5**					

Vous avez fini ? Allez comparer vos remarques avec le corrigé p. 122.

59

PRODUCTION ÉCRITE

➡ Exercices type DELF

Activité 10

Vous lisez la publicité suivante dans un magazine :

Vous décidez de participer au concours. Vous écrivez un texte de 60 à 80 mots : vous choisissez un acteur ou une actrice, vous dites pourquoi vous l'aimez et vous expliquez quel est votre film préféré avec lui/elle. Vous donnez vos impressions sur ce film.

Activité 11

Vous rentrez de vacances. Vous décidez de partager vos souvenirs avec vos amis francophones. Vous racontez votre voyage sur votre blog (destination, lieux visités, activités) et vous donnez vos impressions (60 à 80 mots).

3 Se préparer à l'exercice 2 (correspondance)

Dans cet exercice, on vous demandera d'écrire une correspondance pour inviter, remercier, vous excuser, demander, informer ou encore féliciter. Vous devrez bien lire la consigne pour repérer les différents éléments à introduire dans votre texte.
Le texte à écrire pourra être une carte postale, une lettre ou un courrier électronique.

> Dans tous les cas, vous devrez :
> - utiliser une formule d'appel pour commencer votre message, c'est-à-dire une expression pour saluer le destinataire ;
> - terminer votre texte avec une formule de politesse, c'est-à-dire une expression pour dire au revoir au destinataire ;
> - signer.
>
> Quelques différences entre ces trois types de texte au niveau de la présentation :
> - date : elle doit apparaître obligatoirement dans la lettre, mais pas nécessairement sur la carte postale ; dans un courrier électronique, la date fait partie des informations envoyées automatiquement avec le message ;
> - lieu : dans les lettres formelles, la ville de rédaction de la lettre est indiquée juste avant la date ;
> - mise en page :
> - sur une carte postale, le texte est écrit dans un petit espace ;
> - dans un courriel, vous pouvez sauter des lignes pour séparer les différents paragraphes de votre texte ;
> - dans une lettre, vous devez écrire en haut à droite la date, puis le texte de la lettre sur toute la largeur de la page, avec des espaces pour séparer l'appel, les différents paragraphes, la formule finale et la signature.

Activité 12
Placez les éléments manquants de cette lettre aux endroits corrects :
Jean-Luc Limoges – 5 avril 2010 – Cher Monsieur – Sincères salutations – Colmar.

........................., le ....

........................,

Le service des ressources humaines m'a transmis votre CV. Votre profil est très intéressant, c'est pourquoi je souhaiterais vous rencontrer prochainement.

Seriez-vous libre le 13 avril prochain à 15 heures pour un entretien ? Je vous remercie d'avance de bien vouloir confirmer votre présence à ma secrétaire au 03 88 63 01 74.

........................,

....

PRODUCTION ÉCRITE

Activité 13

Voici quelques situations où vous devrez laisser un message à quelqu'un. En fonction de la personne à qui vous écrivez, vous utiliserez soit le langage familier, soit le langage « standard ».

Lisez les phrases ci-dessous. À vous de dire la même chose en français familier ou en français courant.

Langage courant	Langage familier
Bonjour, comment allez-vous ?	....
....	Merci pour ton message.
....	On se retrouve à quelle heure ?
Je me permets de vous contacter pour savoir si vous seriez disponible jeudi.	....
....	Bravo, c'est génial !
....	Désolé, je ne pourrai pas venir à votre mariage.
Où a lieu votre fête d'anniversaire ?	....
....	J'apporte quoi ?

Activité 14

Vous êtes invité(e) à l'anniversaire de mariage d'un ami francophone mais vous ne pouvez pas aller à la fête. Vous lui expliquez pourquoi. Utilisez les mots ci-dessous pour imaginer différentes excuses.

Quel dommage ! Je ne pourrai pas venir à ton anniversaire de mariage parce que...

Travail : ....

Argent : ....

Enfants : ....

Santé : ....

Autre activité prévue : ....

➜ Comprendre la grille d'évaluation

Dans l'exercice 2 de la *Production écrite*, on vous évaluera sur 12 points à l'aide de la grille d'évaluation suivante :

Critère	Barème
Respect de la consigne Peut mettre en adéquation sa production avec la situation proposée. Peut respecter la consigne de longueur minimale indiquée.	0 0,5 1
Correction sociolinguistique Peut utiliser les registres de langue en adéquation avec le destinataire et le contexte. Peut utiliser les formes courantes de l'accueil et de la prise de congé.	0 0,5 1
Capacité à interagir Peut écrire une lettre personnelle simple pour exprimer remerciements, excuses, propositions, etc.	0 0,5 1 1,5 2 2,5 3 3,5 4
Lexique / orthographe lexicale Peut utiliser un répertoire élémentaire de mots et d'expressions relatifs à la situation proposée. Peut écrire avec une relative exactitude phonétique mais pas forcément orthographique.	0 0,5 1 1,5 2
Morphosyntaxe / orthographe grammaticale Peut utiliser des structures et des formes grammaticales simples relatives à la situation donnée mais commet encore systématiquement des erreurs élémentaires.	0 0,5 1 1,5 2 2,5
Cohérence et cohésion Peut produire un texte simple et cohérent. Peut relier des énoncés avec les articulations les plus fréquentes.	0 0,5 1 1,5

Respect de la consigne : Vous devez écrire un texte qui répond aux différents éléments indiqués dans le sujet (thème général, format du texte, nombre de mots).

Correction sociolinguistique : Votre texte doit être adapté à votre destinataire (tu ou vous ?) et comporter les formules de politesse adéquates pour ouvrir et fermer la correspondance.

Capacité à interagir : Votre texte doit reprendre les « actes de parole » indiqués dans la consigne (= les choses que l'on vous demande de faire : remercier, féliciter, refuser une invitation, proposer quelque chose, etc.).

Lexique / orthographe lexicale : Vous devez utiliser de manière correcte le vocabulaire qui correspond à la situation. Essayez d'utiliser des mots différents pour exprimer une même idée et faites attention à l'orthographe.

Morphosyntaxe / orthographe grammaticale : On évaluera ici l'utilisation correcte des formes grammaticales (conjugaison des verbes, choix des temps, accords des noms et adjectifs au féminin et/ou au pluriel, utilisation des pronoms objets, des articles, des adjectifs possessifs, construction des phrases, etc.).

Cohérence et cohésion : Votre texte doit être logique et facile à comprendre ; pour passer d'un thème à l'autre, vous pourrez par exemple utiliser des mots de liaison (*puis, mais, après,* …) ou des phrases subordonnées (*quand, parce que*…). N'oubliez pas la ponctuation !

PRODUCTION ÉCRITE

Activité 15

Pour bien comprendre ce que l'on attend de vous dans cet exercice, voici un exemple de sujet de correspondance et une réponse que peut produire un candidat de niveau A2.

> Généralement, dans ce type d'exercice, vous aurez à lire un court document (lettre, courrier électronique, faire-part) et le texte que vous écrirez répondra à ce document.

Consigne :
Vous avez reçu cette carte de votre ami québécois, Jean-François :

> Salut,
>
> Je t'envoie cette petite carte pour prendre de tes nouvelles ! J'espère que tu vas bien, tu ne m'as pas écrit depuis longtemps…
>
> Gros becs,
>
> Jean-François

Vous répondez à Jean-François : vous le remerciez de sa carte et vous lui annoncez que vous allez bientôt vous marier. Vous invitez votre ami à l'événement et vous lui donnez quelques informations sur la fête (lieu, date, déroulement, etc.). (60 à 80 mots)

Observez bien la lettre, puis identifiez les éléments qui répondent à la consigne (destinataire, différents actes de paroles demandés, etc.). Utilisez des couleurs différentes pour souligner les éléments !

> Torreón, le 27 février
>
> Cher Jean-François,
>
> Merci beaucoup de ton message !
>
> J'ai une excellente nouvelle à t'annoncer : Leo et moi allons nous marier !
>
> Le mariage aura lieu le 15 juillet. Nous allons faire une grande fête avec nos deux familles, ici, à Torreón : il y aura 250 invités ! Nous avons réservé une salle dans un célèbre hôtel : on dînera et après on dansera toute la nuit ! Alors réserve vite un billet d'avion, car tu es invité, bien sûr !
>
> Bises,
>
> Paty

Vous avez fini ? Comparez vos remarques avec celles du corrigé p. 123.

➡ Exercices type DELF

Activité 16
Vous avez reçu ce faire-part :

Vous répondez à vos amis. Vous les félicitez, vous leur annoncez votre prochaine visite et vous leur demandez quel cadeau faire aux enfants. (60 à 80 mots)

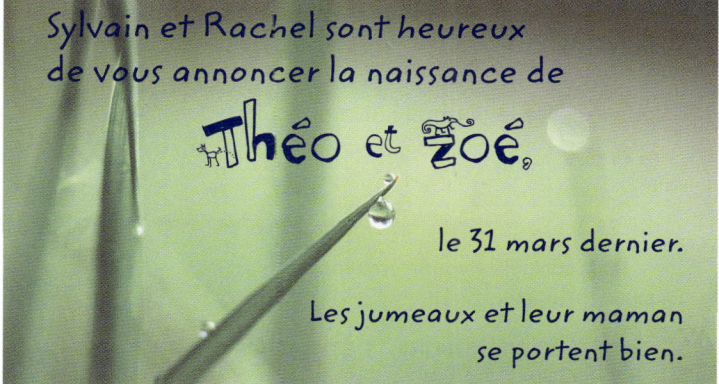

………………………………………………………………………………………………………

………………………………………………………………………………………………………

Activité 17
Vous habitez en France. Vous lisez cette annonce à la boulangerie :

Vous écrivez à Kader : vous lui dites quel type de cours vous intéresse et quand vous pouvez les prendre. Vous vous renseignez sur le tarif des cours et vous lui donnez votre numéro de téléphone (60 à 80 mots).

PROFESSEUR EXPÉRIMENTÉ DONNE

COURS DE FRANÇAIS LANGUE ÉTRANGÈRE,

PRIX INTÉRESSANT.

CONTACTEZ KADER :

KADERFLE@COURRIEL.FR

………………………………………………………………………………………

………………………………………………………………………………………

………………………………………………………………………………………

PRODUCTION ÉCRITE

vers l'épreuve

EXERCICE 1   13 POINTS

Vous recevez le courriel suivant :

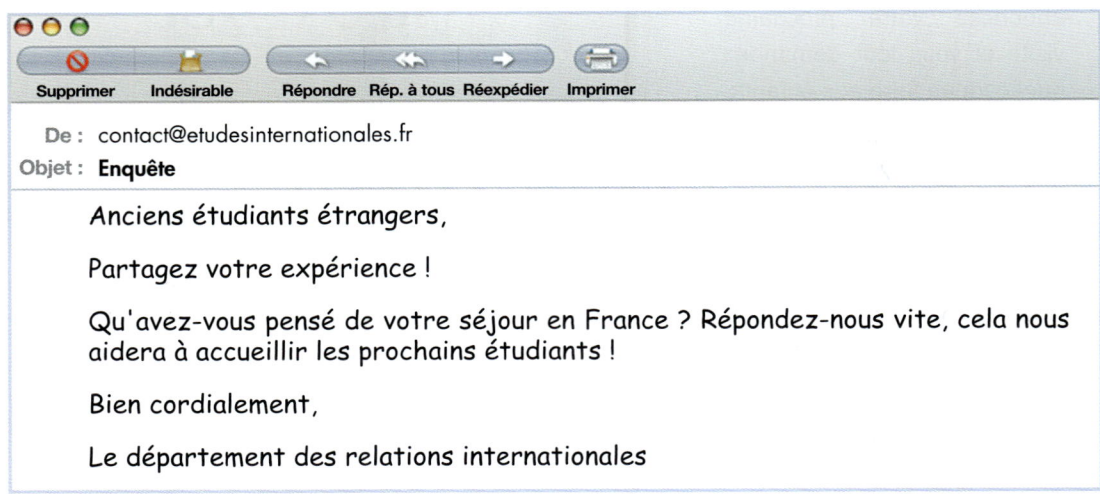

De : contact@etudesinternationales.fr
Objet : **Enquête**

Anciens étudiants étrangers,

Partagez votre expérience !

Qu'avez-vous pensé de votre séjour en France ? Répondez-nous vite, cela nous aidera à accueillir les prochains étudiants !

Bien cordialement,

Le département des relations internationales

Vous répondez au message : vous dites quelles études vous avez faites dans cette université, quand et pendant combien de temps. Vous expliquez ce que vous avez aimé ou non pendant votre séjour. (60-80 mots)

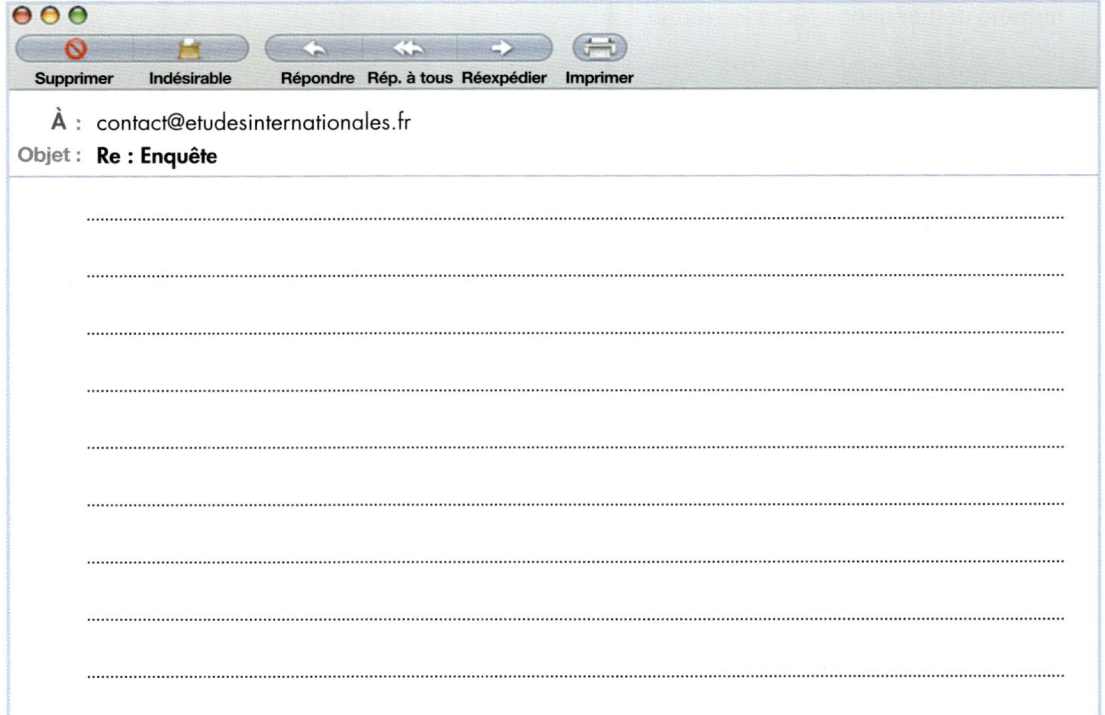

À : contact@etudesinternationales.fr
Objet : **Re : Enquête**

EXERCICE 2   12 POINTS

Vous avez reçu ce message électronique :

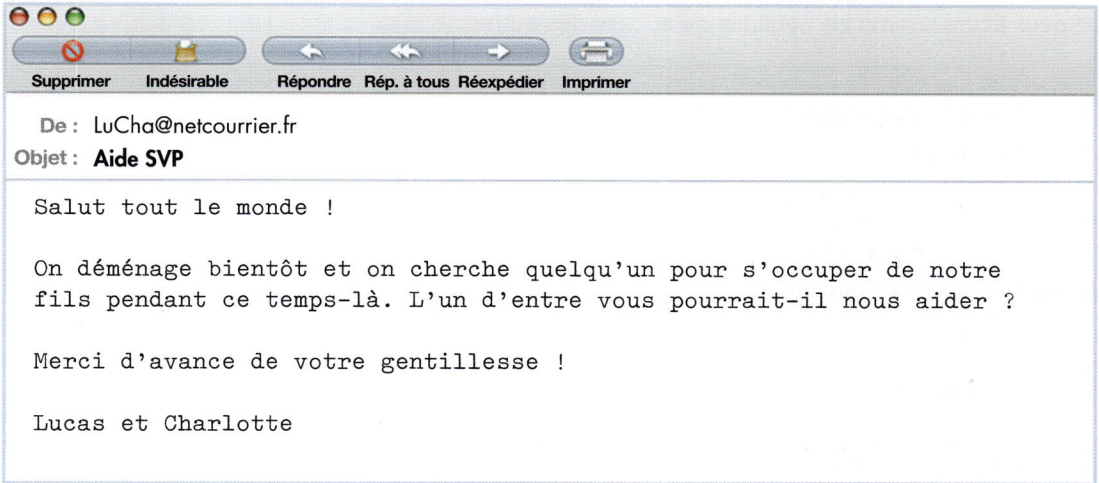

Vous répondez à vos amis pour accepter leur demande. Vous leur posez des questions sur leur enfant (repas, loisirs, etc.) et sur les horaires et la date où vous le garderez. Vous leur proposez également des activités à faire avec leur fils. (60-80 mots)

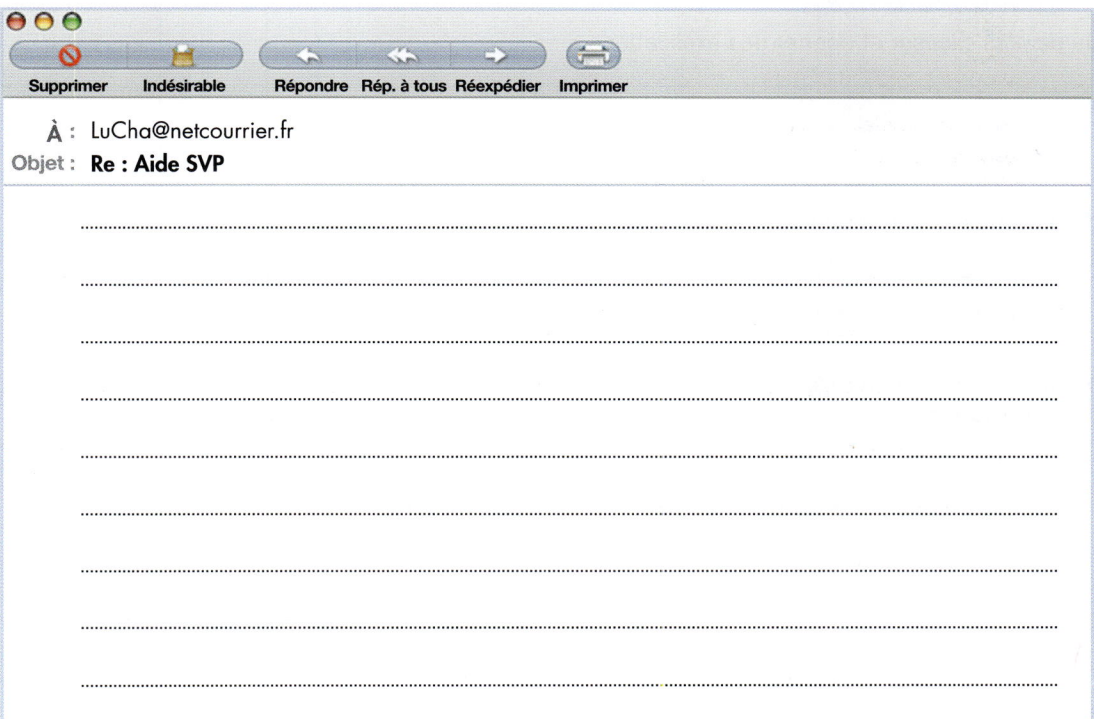

PRODUCTION ÉCRITE

AUTOÉVALUATION

	😊	😐	☹️
Je sais différencier les types d'écrit à produire.			
Je peux écrire sur ma vie quotidienne et celle des autres.			
Je peux écrire sur les lieux, le travail et les études.			
Je peux décrire des événements, des activités passées et des expériences personnelles.			
Je peux expliquer ce que j'aime et ce que je n'aime pas.			
Je peux exprimer mes impressions en termes simples.			
Je peux inviter, accepter ou refuser une invitation.			
Je peux féliciter.			
Je peux remercier.			
Je peux m'excuser et donner des explications.			
Je peux demander de l'aide.			
Je peux demander et donner un renseignement.			
Je peux donner des instructions simples.			
Je peux adapter mon registre de langue et les formules de politesse au destinataire.			

PRODUCTION ORALE

Descripteur global

✓ Peut décrire ou présenter simplement des gens, des conditions de vie, des activités quotidiennes, ce qu'on aime ou pas, par de courtes séries d'expressions ou de phrases non articulées.

Monologue suivi : décrire l'expérience

✓ Peut raconter une histoire ou décrire quelque chose par une simple liste de points.

✓ Peut décrire des projets et préparatifs, des habitudes et occupations journalières, des activités passées et des expériences personnelles.

✓ Peut décrire et comparer brièvement, dans une langue simple, des objets et choses lui appartenant.

✓ Peut expliquer en quoi une chose lui plaît ou lui déplaît.

Conversation

✓ Peut établir un contact social : salutations et congé ; présentations ; remerciements. Peut généralement comprendre un discours standard clair, qui lui est adressé, sur un sujet familier, à condition de pouvoir faire répéter ou reformuler de temps à autre.

✓ Peut participer à de courtes conversations dans des contextes habituels sur des sujets généraux.

✓ Peut dire en termes simples comment il/elle va et remercier.

69

PRODUCTION ORALE

pour vous **aider**

➡ NATURE DE L'ÉPREUVE ET SAVOIR-FAIRE

L'épreuve de *Production orale* comporte 3 exercices.
Elle est notée sur 25 points et dure environ 6 à 8 minutes.
Avant de passer votre examen, vous aurez 10 minutes de préparation pour les exercices 2 et 3.
Vous devrez parler de vous et de sujets familiers et/ou quotidiens et jouer une situation avec l'examinateur.

Les principaux savoir-faire requis pour réussir cette épreuve sont :
- savoir parler de soi et de son environnement familier ;
- savoir organiser un monologue suivi portant sur un sujet familier ;
- savoir résoudre une situation de la vie quotidienne ;
- choisir les actes de parole adéquats par rapport à la situation proposée ;
- utiliser des formules de politesse.

➡ LES SUJETS

Les sujets proposés sont toujours en rapport avec ce qui vous est le plus familier : vous, votre famille, votre travail ou vos études, les loisirs, les vacances, etc. On vous demandera de vous exprimer lors :
- **d'un entretien dirigé** : une conversation simple avec l'examinateur, sans préparation (*exercice 1 : 1 minute 30 environ*) ;
- **un monologue suivi** : une présentation personnelle sur un thème familier, sans intervention de l'examinateur (*exercice 2 : 2 minutes environ*) ;
- **un exercice en interaction** : simulation d'une situation d'achat ou de réservation, ou exercice de coopération, toujours avec l'examinateur (*exercice 3 : 3 à 4 minutes*).

➡ QUELQUES CONSEILS

La consigne et le déroulement de l'épreuve

Au moment de passer l'épreuve individuelle de production orale du DELF A2, vous recevrez les consignes générales de l'examen. Lisez-les bien, elles vous expliqueront ce que vous devez faire dans chaque partie de l'épreuve.

1 ENTRETIEN DIRIGÉ (1re PARTIE) - *1 minute environ*

Après avoir salué votre examinateur, vous vous présentez (parlez de vous, de votre famille, de vos amis, de vos études, de vos goûts, des animaux que vous aimez, etc.). L'examinateur vous posera des questions complémentaires.

Sans préparation

2 MONOLOGUE SUIVI (2e PARTIE) - *2 minutes environ*

Vous tirez au sort deux sujets et vous en choisissez un.
Vous vous exprimez sur le sujet.
L'examinateur peut ensuite vous poser des questions complémentaires.

Avec préparation

3 EXERCICE EN INTERACTION (3e PARTIE) - *3 à 4 minutes environ*

Deux sujets au choix proposés par l'examinateur.
Vous devez simuler un dialogue avec l'examinateur afin de résoudre une situation de la vie quotidienne. Vous montrez que vous êtes capable de saluer et d'utiliser des règles de politesse.
Dans certains sujets, le genre masculin est utilisé pour alléger le texte. Vous pouvez naturellement adapter la situation en adoptant le genre féminin.

Avec préparation

Puis l'examinateur vous fera tirer au sort deux sujets pour les exercices 2 et 3 ; vous devrez choisir le sujet que vous préférez pour chaque exercice. Vous aurez ensuite 10 minutes pour préparer les exercices 2 et 3.

Savoir gérer le temps de préparation

Vous avez 10 minutes seulement pour préparer deux exercices : c'est peu, il ne faudra donc pas perdre de temps. N'oubliez pas votre montre, elle vous sera indispensable pour vérifier le temps de préparation qu'il vous reste !

Choisissez rapidement les sujets qui vous intéressent le plus pour chaque exercice : lisez-les bien, repérez le thème des exposés et identifiez les situations à jouer. Préparez un seul sujet pour les exercices 2 et 3, celui qui vous plaît le plus et pour lequel vous connaissez le plus de vocabulaire.

Vous n'aurez pas le temps de rédiger tout ce que vous allez dire : écrivez seulement les idées principales et des exemples à ne pas oublier. Dans le cas de l'exercice 2, pensez aussi à des éléments pour relier les phrases de votre exposé. Pour l'exercice 3, vous devrez vous adapter aux réactions de l'examinateur : inutile d'écrire un dialogue complet, faites plutôt une liste des points à traiter !

PRODUCTION ORALE

Comprendre la grille d'évaluation

Pour bien vous préparer à l'épreuve individuelle de production orale du DELF A2, il faut aussi comprendre comment l'examinateur va vous évaluer. Il utilisera la grille suivante, où votre capacité à communiquer est évaluée différemment dans chaque exercice, alors que votre maîtrise de la langue est notée dans l'ensemble des exercices.

1re partie – Entretien dirigé

Peut établir un contact social, se présenter et décrire son environnement familier.	0	0,5	1	1,5	2	2,5	3
Peut répondre et réagir à des questions simples. Peut gérer une interaction simple.	0	0,5	1				

On évalue ici votre capacité à vous présenter à l'examinateur et à parler de sujets familiers.

Êtes-vous capable de répondre facilement aux questions de l'examinateur ? Dépendez-vous de lui ou pouvez-vous parler de vous sans attendre ses questions ?

2e partie – Monologue suivi

Peut présenter de manière simple un événement, une activité, un projet, un lieu, etc. liés à un contexte familier.	0	0,5	1	1,5	2	2,5	3
Peut relier entre elles les informations apportées de manière simple et claire.	0	0,5	1	1,5	2		

Vous devez faire une présentation ou une description d'un sujet familier ou de votre vie quotidienne.

Cette présentation doit être organisée (utilisez des connecteurs, des mots de liaison) pour rendre plus clair ce que vous dites.

3e partie – Exercice en interaction

Peut demander et donner des informations dans des transactions simples de la vie quotidienne. Peut faire, accepter ou refuser des propositions.	0	0,5	1	1,5	2	2,5	3	3,5	4
Peut entrer dans des relations sociales simplement mais efficacement, en utilisant les expressions courantes et en suivant les usages de base.	0	0,5	1	1,5	2				

Pouvez-vous poser des questions ou y répondre pour jouer la situation proposée ? Pouvez-vous proposer quelque chose à l'examinateur et réagir à ses propositions ?

Utilisez-vous les règles de politesse adaptées à la personne à qui vous parlez (un ami, votre chef, une personne inconnue, etc.) ? Connaissez-vous les formules de base pour entrer en conversation avec quelqu'un ?

Pour l'ensemble des 3 parties de l'épreuve

Lexique (étendue et maîtrise) Peut utiliser un répertoire limité mais adéquat pour gérer des situations courantes de la vie quotidienne.	0	0,5	1	1,5	2	2,5	3		
Morphosyntaxe Peut utiliser des structures et des formes grammaticales simples. Le sens général reste clair malgré la présence systématique d'erreurs élémentaires.	0	0,5	1	1,5	2	2,5	3	3,5	4
Maîtrise du système phonologique Peut s'exprimer de façon suffisamment claire. L'interlocuteur devra parfois faire répéter.	0	0,5	1	1,5	2	2,5	3		

On évalue deux choses ici : est-ce que votre vocabulaire est suffisamment varié pour le niveau A2 ? Est-ce que ce vocabulaire est adapté à la situation ?

On évalue ici l'utilisation correcte des formes grammaticales (conjugaison des verbes, choix des temps, utilisation d'articles, d'adjectifs possessifs, construction des phrases, etc.).

On évalue votre capacité à prononcer clairement les sons et les mots français afin de vous faire suffisamment bien comprendre quand vous discutez. Le rythme de vos phrases est-il proche de celui des Français ?

pour vous entraîner

1 L'entretien dirigé

C'est une conversation simple avec l'examinateur, sans préparation. Cette discussion dure environ 1 minute 30. L'objectif est de parler de vous.

Après avoir salué l'examinateur, vous vous présentez (vous parlez de vous, de votre famille, de vos études, de votre travail, de vos goûts, etc.).
Si vous ne savez plus quoi dire, pas de panique, l'examinateur vous posera des questions complémentaires. Si vous ne les comprenez pas, il les reformulera !

Voici des exemples de ce que vous pouvez dire :

- **pour saluer l'examinateur en arrivant :**
Bonjour / Bonjour madame / Bonjour monsieur !
Bonsoir* / Bonsoir madame / Bonsoir monsieur !
(*En fonction de l'heure à laquelle a lieu votre examen)

- **pour vous présenter :**
Vous pouvez utiliser une petite phrase d'introduction : « *Voilà, je vais me présenter…* ».
Puis vous commencez en indiquant votre nom, votre âge, votre nationalité, votre profession, votre état civil, votre adresse, par exemple :
« *Je m'appelle…, j'ai 42 ans, je suis turc (allemand, chilien, etc.), je suis architecte (plombier, professeur, artiste, etc.), je suis marié (célibataire, divorcé, etc.) et j'ai un fils (une fille, trois enfants, etc.). J'habite à Rome (en Suisse, dans le Poitou, aux Baléares, etc.)* »
Vous pouvez aussi parler de ce que vous aimez : « *J'aime la littérature et la photographie, et j'adore voyager, surtout en France !* »

Vous pouvez ajouter tout ce que vous voulez à cette présentation. Si vous n'avez plus d'idées, l'examinateur pourra vous poser des questions, par exemple :
- **sur votre famille :** Quel âge a votre fils ? Que fait-il ?
- **sur vous :** Pourquoi apprenez-vous le français ?
- **sur ce que vous aimez :** Qu'est-ce que vous aimez dans votre travail ?
- **sur vos loisirs :** Qu'est-ce que vous faites pendant votre temps libre ? Vous aimez le sport ? Quel sport est-ce que vous faites ?
Etc.

PRODUCTION ORALE

 ### Activité 1 : Le rythme de la phrase
Le rythme des phrases en français est différent de celui de votre langue maternelle. La dernière syllabe d'un groupe rythmique est accentuée. Observez :
Mer**ci** (1 mot = 1 groupe rythmique)
Merci beau**coup** (2 mots = 1 groupe rythmique)
Écoutez maintenant les phrases suivantes. Pour chaque phrase, indiquez le nombre de groupes rythmiques et soulignez les syllabes accentuées, comme dans l'exemple :
Exemple : **1.** Bonjour ma_dame_, je m'ap_pelle_ Wataru Ni_rei_.

2. Je suis ingénieur du son.
3. Je suis mariée et j'ai trois enfants.
4. Je suis coréenne.
5. Le week-end, quand il fait beau, je vais à la piscine avec mes enfants.
6. Je suis un grand fan de musique pop rock.
7. Au revoir et merci.
Lisez le corrigé p. 124, écoutez à nouveau ces phrases et répétez-les, en respectant leur rythme.

 ### Activité 2 : Exercices articulatoires
Écoutez ces phrases et entraînez-vous à les dire pour bien articuler le jour de l'examen !
1. Suis-je chez ce cher Serge ?
2. L'ongle de l'oncle, l'angle de l'ongle.
3. Fruits frais, fruits frits, fruits cuits, fruits crus.
4. Des blancs pains, des bancs peints, des bains pleins.
5. Cherche sous chaque sac sale et dans chaque sac sec.
6. Une bien grosse grasse mère avec de biens beaux gros gras bras blancs.

 ### Activité 3 : Présentations
Présentez les personnes suivantes à voix haute à partir des informations données, mais rajoutez-en aussi ! Faites des phrases complètes, variez les formes de réponses, choisissez des verbes différents et utilisez des mots de liaison.

Nom	Bolaños	Okamoto	Freire
Prénom	Hugo	Akiko	João
Nationalité	Espagnol	Japonaise	Brésilien
Âge	43 ans	27 ans	38 ans
État civil	Célibataire	Mariée, un enfant	Divorcé, une fille et un garçon
Adresse	Madrid	Tokyo	Rio de Janeiro
Profession	Directeur commercial	Styliste	Pilote
Goûts	Aller au restaurant, lire	Art, mode	Vin, déteste le fromage Danse, golf
Activités pratiquées	Football, natation	Vélo, cuisine	
Autres informations	Apprend le français pour des raisons professionnelles	Végétarienne Jamais voyagé en Europe	Désire vivre dans le Sud de la France

Comparez maintenant votre présentation avec la proposition de corrigé (enregistrement : piste n° 27, transcription p. 90). Faites ensuite votre propre présentation.

Activité 4 : Répondre à l'examinateur

Écoutez maintenant les questions suivantes et répondez-y à voix haute en variant le plus possible les formulations !

Vous êtes content(e) de vos réponses ? Avez-vous tout compris ? Combien de questions sont restées sans réponse ? Pourquoi ?

Activité 5 : Activité guidée (entretien dirigé)

Pour bien comprendre ce que l'on attend de vous dans cette activité, voici un exemple d'entretien dirigé que peut produire un candidat de niveau A2.

Écoutez l'entretien enregistré puis lisez sa transcription.

> Katty : Bonjour, je vais me présenter. Voilà, je m'appelle Katty Dugarte, je suis vénézuélienne, j'ai 33 ans et j'habite en France. Je suis mariée mais je n'ai pas d'enfants. Pour le moment, je fais des petits boulots, mais je cherche surtout du travail dans les relations internationales.
> L'examinateur : Très bien, et où est-ce que vous habitez en France ?
> K. : J'habite dans une petite ville, près de Quimper en Bretagne.
> E. : Depuis combien de temps habitez-vous en France ?
> K. : Ça fait deux ans. Je suis venue vivre ici car je me suis mariée avec un Français.
> E. : D'accord... Vous avez parlé de « petits boulots » tout à l'heure, quels sont-ils ?
> K. : Eh bien, en fait, j'ai travaillé comme vendeuse dans un magasin de chaussures, et puis aussi comme serveuse dans un restaurant, quelques heures par semaine. Mais comme j'ai fait des études dans les relations internationales, j'aimerais bien trouver un travail dans ce domaine.
> E. : Ah oui, c'est intéressant !
> K. : Oui, c'est pour ça que je dois apprendre le français !
> E. : D'accord je comprends ! Et sinon, que faites-vous le week-end quand vous ne travaillez pas ?
> K. : En ce moment, je prends des cours de conduite car je voudrais passer le permis de conduire !
> E. : Et vous faites du sport aussi ?
> K. : Je joue au tennis avec mon mari de temps en temps.
> E. : Très bien, je vous souhaite bon courage et je vous remercie.
> K. : Merci beaucoup.

Complétez ensuite le tableau de la page suivante.

75

PRODUCTION ORALE

Pour chaque critère, expliquez pourquoi cette candidate a eu le maximum de points.

Critères	Explications
Peut établir un contact social, se présenter et décrire son environnement familier.	....
Peut répondre et réagir à des questions simples. Peut gérer une interaction simple.	....
Lexique (étendue et maîtrise) Peut utiliser un répertoire limité mais adéquat pour gérer des situations courantes de la vie quotidienne.	....
Morphosyntaxe Peut utiliser des structures et des formes grammaticales simples. Le sens général reste clair malgré la présence systématique d'erreurs élémentaires.	....
Maîtrise du système phonologique Peut s'exprimer de façon suffisamment claire. L'interlocuteur devra parfois faire répéter.	....

Vous avez fini ? Comparez vos remarques avec le corrigé p. 124.

2 Le monologue suivi

Après avoir tiré au sort deux sujets et en avoir choisi un, vous devrez présenter de façon personnelle un thème de la vie quotidienne (vacances, travail, ville, loisirs, souvenirs, etc.) pendant environ deux minutes.

Le sujet est composé de plusieurs questions sur le même thème.

⚠️ Il ne faut pas apporter uniquement une simple réponse à la série de questions mais vous devez développer un peu le thème choisi.

Ne vous inquiétez pas, vous avez environ 5 minutes pour préparer votre intervention. Vous pouvez vous aider des notes que vous avez prises pendant la préparation mais il ne faut surtout pas en faire une simple lecture !

L'examinateur n'interviendra pas pendant votre exposé, il restera silencieux. Il pourra éventuellement, vous poser quelques questions complémentaires à la fin.

L'objectif est d'être capable de présenter de manière simple et claire un événement, une activité, un projet, un lieu etc., liés à un contexte familier.

Activité 6 : Parler de votre travail

Regardez les photos et essayez de décrire, à voix haute, en quelques phrases, chaque travail représenté. Parlez des points positifs et des points négatifs de chaque profession.

  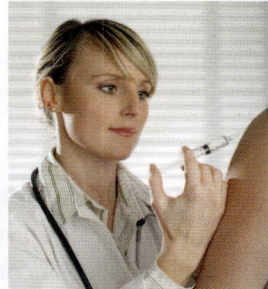 

Parler de son activité professionnelle

• Pour dire **ce que vous faites dans la vie** : *je suis comptable, je travaille comme infirmière, j'exerce le métier de directrice pédagogique, j'occupe un poste d'enseignant, j'ai la responsabilité du service des ressources humaines*, etc.

• Pour indiquer **votre statut professionnel** : *je suis cadre, je suis fonctionnaire de l'État, je suis employée, je suis ouvrier, je suis travailleur indépendant (je travaille en « free lance »), j'exerce une profession libérale* (ex : *médecin, avocat, dentiste*), etc.

⚠️ « Chômeur » et « chômage » donnent parfois une image négative, préférez : « je suis à la recherche d'un emploi » ou « je suis demandeur d'emploi ».

• Pour indiquer **votre lieu de travail** : *dans une entreprise, dans une multinationale, dans un bureau, dans un cabinet médical, dans une administration, dans une agence de publicité, au ministère, au service financier, à la bourse, à la banque, à l'usine, dans un magasin de chaussures, dans une boulangerie*, etc.

• Pour indiquer **vos jours et vos horaires de travail** : *je travaille du lundi au vendredi, de 9 heures à 18 heures. Je travaille à temps complet / à temps partiel / à mi-temps*.

• Pour parler de **vos vacances** : *je suis en congés, je prends 15 jours de vacances cet été, j'ai posé trois jours de congés en mai*.

PRODUCTION ORALE

Activité 7 : Parler de vos goûts
Parlez de ce qui est présenté sur chaque image : dites si vous aimez ou non et donnez deux raisons à chaque fois.

> **Parler de ses goûts**
> • ☺ J'aime, j'aime bien, j'aime beaucoup, j'adore / ☹ Je n'aime pas vraiment, je n'aime pas trop, je n'aime pas beaucoup, je n'aime pas du tout, je déteste, je ne supporte pas, etc.
> • **Le verbe plaire** : « Ça te (vous) plaît cette musique ? Oui, ça me (nous) plaît beaucoup, ça me plaît énormément / Non, ça ne me (nous) plaît pas du tout ! »
> ⚠ Au passé, il ne s'agit pas du verbe « pleuvoir » mais de « **plaire** » : « Ça vous a plu, le spectacle ? Oui, ça nous a beaucoup plu ! »
> • ☺ Marseille, c'est incroyable comme ville ! C'est magnifique, c'est splendide, c'est superbe ! / ☹ Ce n'est pas la ville que je préfère, ce n'est pas extraordinaire !
> ⚠ **En langage familier**, on dirait : ☺ C'est pas mal, c'est génial, c'est super, c'est top, c'est extra, c'est chouette, c'est cool ! / ☹ Ce n'est pas terrible, c'est nul !
> • **Pour donner votre avis,** vous dites :
> À mon avis, elle est très intelligente. / Je pense qu'apprendre le français est très facile. / Je trouve que mon travail est fatigant. / Je crois que c'est un film intéressant.

Activité 8 : Parler d'une journée ordinaire
1. À partir des dessins ou des mots-clés suivants, racontez à haute voix une journée ordinaire de la semaine. Vous pouvez ajouter des idées pour mieux décrire cette journée ordinaire !

> **Observez :**
> Pour réussir ce type d'exercice, il faut bien l'organiser : ici, il est très facile d'utiliser l'heure et les connecteurs de temps (après, ensuite…) pour structurer votre exposé : « Je me lève à 6 h 30, je me lave puis… ».

2. Même exercice avec le week-end.

Activité 9 : Organiser votre exposé

Voici des extraits de plusieurs exposés sur des thèmes différents. Complétez les exposés avec des expressions de la liste suivante :

à côté de, à gauche, à l'étage, alors, au centre-ville, aujourd'hui, au rez-de-chaussée, aussi, bref, car, chaque année, de l'autre côté, de l'Est, depuis plusieurs années, donc, également, en effet, mais, malheureusement, parce que, quand, tous les jours.

Lisez ensuite ces exposés à voix haute, pour vérifier la cohérence de vos réponses.

Ma maison	J'habite dans une grande maison. _____, quand vous entrez, vous trouvez le salon _____, et _____, la salle à manger et la cuisine. Il y a _____ des toilettes _____ de l'escalier. _____, on trouve trois chambres et une salle de bain. Nous avons _____ un jardin avec beaucoup de fleurs. Au fond, il y a une petite piscine. _____, c'est un endroit très agréable l'été !
Ma ville	Je viens d'une petite ville _____ de l'Allemagne. C'est une jolie ville, très agréable. _____, il y a une église magnifique et une université très ancienne. J'aime cette ville _____ elle est bien située, _____ on peut voyager facilement en train ou en voiture par l'autoroute. _____ il y a aussi des points négatifs : la ville est petite, _____ on n'a pas beaucoup d'activités à faire.
Un métier que j'aime beaucoup	J'ai choisi de parler du métier de vétérinaire, _____ cette profession me plaît beaucoup : être au contact avec les animaux _____, c'est génial ! _____, j'adore les animaux ! _____, je ne peux pas exercer ce métier car je suis allergique aux animaux et c'est vraiment dommage…
Mon professeur préféré	Mon professeur préféré s'appelle Mme Prado. C'était mon professeur d'espagnol _____ j'étais au lycée. Elle était jeune, pas très grande, blonde et mince. Elle était très dynamique, sportive et avait beaucoup de projets. _____, elle organisait un voyage, alors on voulait tous partir avec elle ! Je ne l'ai pas vue _____, mais j'aimerais beaucoup la revoir pour lui dire ce que je fais _____.

Organiser son exposé

• **Pour parler d'événements passés :** à l'époque, il y a longtemps, il y a 3 ans / 6 mois / 2 jours, depuis (+ durée), quand (+ imparfait), en (+ année), au XXe siècle, hier, avant-hier, l'an dernier, la semaine dernière, etc.
• **Pour se situer dans le temps :** aujourd'hui, maintenant, de nos jours (généralité), ce matin / cet après-midi, ce soir, demain, après-demain, demain matin, la semaine prochaine, etc.
• **Pour parler de la fréquence :** chaque année, tous les jours, trois fois par jour / semaine / mois / an, régulièrement, (pas) souvent, etc.
• **Pour situer géographiquement :** à droite, à gauche, au milieu, au centre, devant, derrière, au fond (de), au bout (de), à la fin (de), à côté (de), au nord / sud (de), à l'est / ouest (de), etc.
N'oubliez pas non plus les connecteurs logiques (cf. p 57) !

Quand vous préparez un exposé avec la description d'un lieu (maison ou appartement, notamment), faites un dessin ou un plan de ce que vous allez décrire au brouillon ! Ainsi vous pourrez mieux vous situer et vous n'oublierez rien à l'oral !

Activité 10 : Activité guidée (monologue suivi)

Pour bien comprendre ce que l'on attend de vous dans cette activité, voici un exemple de monologue suivi que peut produire un candidat de niveau A2.

Lisez tout d'abord le sujet. Écoutez ensuite le monologue enregistré puis lisez sa transcription.

> Un bon monologue suivi doit être complet mais aussi structuré. Pour cela, vous devrez suivre un plan organisé, qui présente les différents points dont vous parlerez dans votre exposé. Vous devez aussi bien lier les informations entre elles.

Votre quartier

Parlez de votre quartier. Est-il grand et peuplé ? Connaissez-vous vos voisins ? Et vos commerçants ? Y a-t-il beaucoup de parcs et de magasins dans votre quartier ?

> Assurez-vous d'abord d'avoir bien compris le thème !

Voici les notes qu'une candidate a écrites au brouillon pour préparer son exposé.

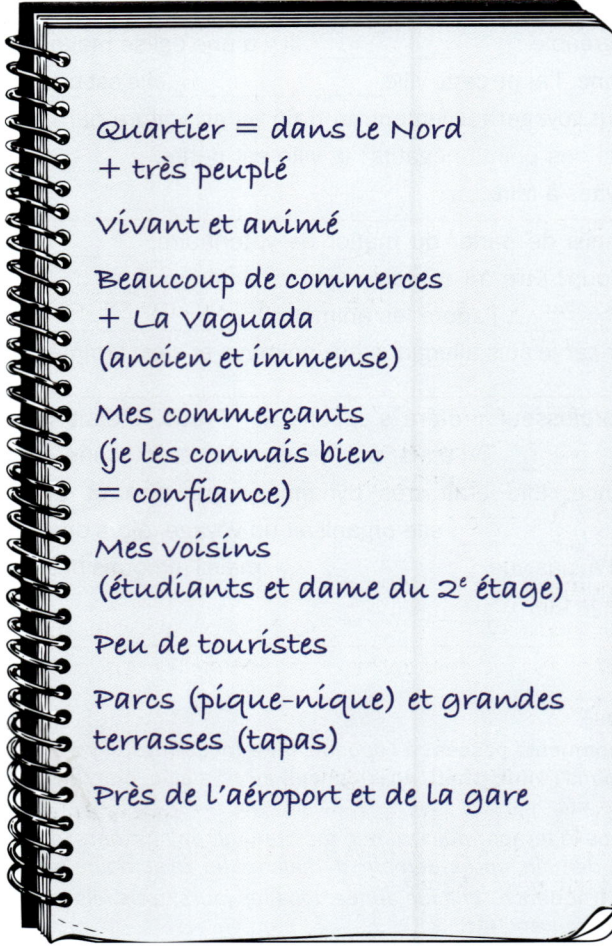

Quartier = dans le Nord
+ très peuplé
Vivant et animé
Beaucoup de commerces
+ La Vaguada
(ancien et immense)
Mes commerçants
(je les connais bien
= confiance)
Mes voisins
(étudiants et dame du 2ᵉ étage)
Peu de touristes
Parcs (pique-nique) et grandes terrasses (tapas)
Près de l'aéroport et de la gare

Écoutez et observez la transcription, puis soulignez les différents éléments descriptifs de l'exposé. Utilisez des couleurs différentes pour les marquer ! Indiquez aussi quels sont les mots de liaison utilisés.

80

> J'adore mon quartier. Il s'appelle le Barrio del Pilar et il est situé dans le Nord de Madrid. C'est le quartier le plus peuplé d'Europe par rapport à sa taille. C'est un quartier très vivant et très animé, où il y a beaucoup de commerces et aussi le plus ancien centre commercial de Madrid, qui s'appelle La Vaguada. Il fait plusieurs étages, c'est immense ! C'est comme une ville dans la ville ! En plus, je connais bien les commerçants à côté de chez moi, par exemple le boulanger est portugais, l'épicier est chinois, et le restaurant italien appartient à des Italiens ! Ils sont très gentils et quand j'oublie mon porte-monnaie, je peux revenir payer le lendemain, on se fait confiance, et ça c'est important pour moi ! Je connais aussi quelques voisins, les étudiants en face de chez moi au 1er étage, et la dame du 2e étage qui a 89 ans ! Je lui monte ses courses souvent, quand c'est très lourd et qu'elle a beaucoup de sacs.
>
> Mais ce que je préfère surtout, c'est qu'il n'y a pas beaucoup de touristes, car il n'y a pas de monuments à visiter. Donc c'est tranquille ! Dans le centre de Madrid, parfois c'est un peu désagréable, il y a trop de monde dans les rues, on ne peut pas avancer ! Il y a également plein de petits parcs, et on va souvent pique-niquer avec mes amis le dimanche midi. Le soir, comme il y a beaucoup de bars avec des grandes terrasses, on va manger des tapas vers 22 heures en général.
>
> C'est aussi pratique d'habiter dans le Nord, parce que je suis près de l'aéroport et de la gare, je peux donc voyager facilement ! Je peux utiliser le métro ou même le bus pour y aller.

Mots de liaison utilisés : ....

Vous avez fini ? Comparez maintenant vos réponses avec le corrigé p. 124.

➡ Série de sujets type DELF

Activité 11 : Votre famille
Parlez de votre famille : combien de frères et sœurs avez-vous ? Quel âge ont-ils ? Vivez-vous toujours tous ensemble ? Avez-vous des enfants ? À quelle(s) occasion(s) votre famille se réunit-elle au complet ? Aimez-vous ces rencontres ? Dites pourquoi.

Activité 12 : Les voyages professionnels
Quelle est votre profession ? À quelle(s) occasion(s) voyagez-vous pour votre travail ? Où allez-vous (lieu, type d'événement) et avec qui ? Combien de temps partez-vous généralement ? Aimez-vous ce type de voyages ? Expliquez pourquoi.

Activité 13 : Votre ville
Parlez de votre ville. Combien d'habitants y a-t-il ? Est-ce une ville touristique ? Est-elle située au bord de la mer ? Y a-t-il beaucoup de théâtres et de cinémas ? Est-ce une ville universitaire ? L'aimez-vous ? Expliquez pourquoi.

Activité 14 : L'apprentissage du français
Parlez de l'école où vous avez appris le français. Est-ce une grande école ? Comment sont les salles de cours ? Combien y a-t-il d'étudiants dans votre classe ? Les professeurs sont-ils français ? Enseigne-t-on autre chose que le français ?

Activité 15 : Un film
Racontez le dernier film que vous avez vu : époque, lieu, histoire, personnages principaux. Dites pourquoi vous avez aimé (ou non) ce film.

Activité 16 : Les nouvelles technologies au travail
Qu'est-ce que vous utilisez le plus dans votre travail, Internet ou le téléphone portable ? Dites pourquoi et donnez quelques exemples.

PRODUCTION ORALE

3 L'exercice en interaction

Dans cette partie, vous devrez **résoudre**, en français, **une situation de la vie quotidienne** avec l'examinateur. Il s'agit d'un exercice en interaction car l'examinateur et vous-même avez chacun un rôle précis à jouer dans cette situation. Attention donc au choix des termes : le registre de langue est à adapter au sujet du jeu de rôle. Par exemple, si l'examinateur joue le rôle de votre ami, vous devrez lui dire « tu » !

L'interaction peut prendre deux formes :
- **un dialogue simulé** : vous êtes dans une situation précise et vous devez accomplir une action. Il s'agit souvent d'une situation d'achat ou de réservation. Vous devrez donner des informations ou en demander. Ce type de sujet ressemble à l'épreuve de production orale du DELF A1, mais ici on attendra beaucoup plus de vous : type et variété des questions, vocabulaire plus spécialisé, marques sociolinguistiques mieux maîtrisées, etc. L'examinateur pourra avoir des documents supplémentaires : photos ou images qui représentent des produits, tableau d'horaires ou de prix, etc. Pour savoir ce que disent ces documents, vous devrez poser des questions ;
- **un exercice de coopération** : vous devrez réaliser une tâche commune avec l'examinateur (prendre des décisions ensemble, échanger des informations, organiser des vacances ou un événement, trouver une solution ensemble à un problème simple, etc.). L'examinateur pourra jouer différents rôles en fonction du sujet (un ami, un collègue, votre directeur, un policier, etc.). S'il y a des documents complémentaires au sujet, l'examinateur et vous aurez les mêmes.

Dans tous les cas, vous devrez bien penser à **saluer** à nouveau l'examinateur et à **prendre congé** de lui à la fin de l'exercice en interaction, car il s'agit d'un nouveau dialogue, complet, pendant votre examen.
Les sujets sont rédigés au masculin pour faciliter la lecture. Mais vous pouvez adapter la situation à la réalité : si l'examinateur est une femme, celle-ci sera une vendeuse, pas un vendeur.

N'oubliez pas : vous avez 10 minutes seulement pour préparer les activités 2 et 3 de l'épreuve de production orale. Ne cherchez pas à rédiger votre dialogue, car vous ne pouvez pas savoir à l'avance quelles réactions aura l'examinateur. Pensez plutôt à faire une liste des questions que vous pouvez poser, ou une liste des informations que vous devez obtenir ou donner.

Activité 17 : Comprendre le sujet

Voici deux consignes de production orale de l'exercice 3 du DELF A2. Pour chaque consigne, soulignez les éléments importants pour réussir l'exercice et classez-les dans les cases correspondantes du tableau. Que devrez-vous utiliser à l'oral pour répondre à ces éléments ?

Sujet 1 : Une recette de votre pays
Vous avez invité un ami francophone à déjeuner et vous avez préparé une recette typique de votre pays. Vous expliquez à votre ami comment et avec quoi on fait ce plat, et à quelle occasion on le mange traditionnellement. Vous lui proposez de lui apprendre à le faire.
L'examinateur joue le rôle de votre ami.

Type d'exercice (dialogue simulé ou coopération?)	....
Rôle de l'examinateur	....
Registre de langue attendu	....
Actes de parole (= que devez-vous faire ou demander?)	....
Interventions possibles de l'examinateur	....

Sujet 2 : Un exposé en français

Vous apprenez le français avec des personnes du monde entier. Votre professeur vous a demandé d'organiser, par deux, un exposé sur un célèbre monument français. Vous vous mettez d'accord avec un autre étudiant sur l'organisation de l'exposé (choix du monument, recherches, organisation du travail, présentation de l'exposé…).
L'examinateur joue le rôle de l'autre étudiant.

Type d'exercice (dialogue simulé ou coopération?)	....
Rôle de l'examinateur	....
Registre de langue attendu	....
Actes de parole (= que devez-vous faire ou demander?)	....
Interventions possibles de l'examinateur	....

PRODUCTION ORALE

Activité 18 : Quoi et où ?
Associez chaque lieu avec le(s) type(s) d'action que vous pouvez y faire. Mettez une croix dans la (les) case(s) correspondante(s).

Lieu \ Action	S'inscrire	Se renseigner (prix, dates, etc.)	Acheter	Réserver	Commander	Échanger	Comparer
Un restaurant		✓	✓	✓	✓		✓
Une salle de spectacles		✓		✓			
Une agence de voyages	✓	✓	✓	✓	✓		✓
Une banque	✓		✓		✓	✓	
Un magasin	✓		✓		✓		✓
Un office du tourisme	✓	✓	✓		✓		✓
Une association	✓	✓	✓		✓		✓

> **Faire des projets et réagir à des propositions**
> • Pour **parler de ses projets**, on utilise en général **le futur proche** : *aller* (+ verbe à l'infinitif).
> Exemple : *La semaine prochaine, nous allons voir le concert de Cœur de Pirate.*
> *Nous n'allons pas nous promener cet après-midi, il pleut !*
> • Pour **exprimer votre surprise ou vos doutes**, vous pouvez dire : – *C'est vrai ? – Ah bon ? – Non, ce n'est pas vrai ? – Vous êtes sûr ? – Vraiment ? – Vous croyez ?*
> ⚠ En langage familier, on dirait : – *Tu plaisantes ? – Tu rigoles ? – Pas possible ? – Tu crois ?*
> • Pour dire que **vous êtes d'accord** : – *Bien sûr ! – Certainement ! – Tout à fait ! – Bien entendu ! – C'est vrai ! – C'est exact ! – Je suis d'accord !*
> • Pour dire que **vous n'êtes pas d'accord** : – *Je ne suis pas d'accord ! – Je ne crois pas ! – Pas du tout ! – Mais non ! – Absolument pas ! – C'est faux !*

Activité 19 : Choisir les mots justes
À qui dites-vous chacune des expressions suivantes ? Écrivez chaque expression dans la ou les colonne(s) qui convient (conviennent).
Bonjour ! – Salut ! – S'il te plaît ! – S'il vous plaît ! – D'accord ! – Ça marche ! – Quoi ? – Excusez-moi ? – Pardon ? – Au revoir ! – À plus !

À une personne que vous connaissez bien	À une personne que vous ne connaissez pas

Activité 20 : Activité guidée (exercice en interaction)
Voici un exemple de sujet d'interaction orale du DELF A2 :

Sujet : Organiser la venue du président français de l'entreprise
Un collègue francophone et vous-même devez organiser la visite du président français de votre entreprise. Vous vous mettez d'accord sur les différents points à régler (accueil à l'aéroport, hébergement, visites, etc.) et vous vous partagez le travail.
L'examinateur joue le rôle du collègue francophone.

Vous avez bien lu la consigne ? Quel type de tâche devez-vous faire ? L'examinateur et vous avez-vous les mêmes rôles ?

> Il s'agit ici d'une tâche de **coopération**, car vous devez organiser, avec l'aide de l'examinateur, la visite de votre président. Vous avez tous les deux la même importance. Pour réaliser ce jeu de rôle, vous devrez pouvoir faire des propositions, accepter ou refuser celles de l'examinateur.

 Écoutez cet exemple, lisez la transcription puis faites la liste de ce que l'examinateur et un candidat au DELF A2 ont fait pour réaliser la situation.

Candidat : *Bonjour ! Ça va ?*
Examinateur : *Bonjour ! Oui, et toi ?*
C : *Ça va. Je viens te voir au sujet de la visite du président français. Le chef m'a dit d'organiser ça avec toi.*
E : *Oui, je suis au courant. D'ailleurs, je suis content de m'en occuper avec toi ! Tu as des informations plus précises sur sa visite ?*
C : *Je crois que le président vient en juin, mais je ne sais pas encore quand exactement.*
E : *Il arrive le 20 juin et il reste toute la semaine.*
C : *Alors, on peut déjà réserver son hôtel. Je connais bien le Grand Hôtel, je crois que le président sera bien là-bas.*
E : *Je ne le connais pas, tu peux m'en dire plus, s'il te plaît ?*
C : *C'est un hôtel ancien, mais très moderne à l'intérieur. Il y a Internet et le téléphone dans les chambres, et ça, c'est une demande du président. Et il y a aussi un petit-déjeuner buffet très bon.*
E : *Ça a l'air bien, mais c'est un hôtel de luxe. Ça risque d'être un peu cher, non ?*
C : *Non ça va, c'est correct. En plus, je connais bien quelqu'un là-bas, alors je peux demander un prix.*
E : *C'est une bonne idée ! Et pour l'accueil à l'aéroport, comment on fait ? Je n'ai pas de voiture, on pourrait y aller ensemble en taxi ?*
C : *Le taxi à l'aller, c'est bien, mais au retour on va beaucoup attendre. Ce n'est pas bien, le président sera fatigué du voyage.*
E : *Tu as raison. Ah, j'ai une autre idée : on pourrait demander au chef s'il ira aussi à l'aéroport et alors on pourra y aller tous ensemble avec sa voiture de service et son chauffeur. Qu'est-ce que tu en penses ?*
C : *C'est une bonne idée.*
E : *Pendant son séjour, il y a quelques visites prévues pour le travail dans des usines, des rencontres avec des partenaires, mais on pourrait aussi lui organiser quelques visites culturelles, non ?*

PRODUCTION ORALE

> C : Oui. Le chef m'a donné le programme des rendez-vous. Par exemple, le mercredi après-midi, le président pourrait aller visiter le musée de la ville. C'est le plus grand et le plus beau du pays !
> E : Oui, pourquoi pas ? Mais s'il n'aime pas les musées ?
> C : Je peux préparer une liste de sorties à faire, des lieux sympas à visiter, des spectacles à voir...
> E : Et des endroits où manger ! Il y aura sûrement plusieurs dîners officiels à organiser, c'est bien d'aller dans des endroits différents.
> C : Oui, pour goûter aussi à tous les plats délicieux de notre cuisine !
> E : À ton avis, faut-il prévoir un interprète ?
> C : Je ne sais pas, mais on peut demander à sa secrétaire. Il sera aussi souvent avec nous, donc pas besoin d'un interprète en plus.
> E : Très bien ! Alors, je m'occupe d'organiser l'accueil à l'aéroport et de confirmer l'heure d'arrivée du vol. Et toi, tu te renseignes sur l'hôtel ?
> C : Oui, oui. Je demande un prix et si ça va, je réserve. Je prépare aussi une liste de sorties, d'accord ?
> E : Parfait ! On reste en contact, alors !
> C : Oui, à bientôt !
> E : À bientôt !

Qu'a fait le candidat ?	Qu'a fait l'examinateur ?
Il a...	Il a...
- salué son collègue.	- répondu aux salutations.
-	- ....
-	- ....
-	- ....

Vous avez fini ? Comparez maintenant vos réponses avec le corrigé p. 125. Vous verrez que la situation sociolinguistique a été respectée et qu'à la fin du dialogue, la situation a été résolue. Quelles informations vous ont manqué ? Pourquoi ?

➜ Série de sujets type DELF

Activité 21 : Échange de cadeau
Vous habitez en France et pour votre anniversaire, vous avez reçu un cadeau qui ne vous plaît pas. Vous allez dans le magasin d'achat et vous indiquez au vendeur quand vous avez reçu ce cadeau et qui vous l'a offert. Vous demandez à échanger ce cadeau.
L'examinateur joue le rôle du vendeur.

Activité 22 : À l'auto-école
Vous habitez en France et vous voulez apprendre à conduire. Vous vous renseignez sur les examens, les tarifs et les horaires des cours. Vous choisissez le type d'inscription le mieux adapté et vous vous inscrivez.
L'examinateur joue le rôle de l'employé de l'auto-école.

Activité 23 : Une soirée entre amis

Vous voulez inviter votre ami français à l'Opéra. Vous vous mettez d'accord sur le spectacle à aller voir, ainsi que sur la date et l'horaire où vous êtes disponibles. Vous choisissez un point de rendez-vous et vous décidez ensemble du lieu et du type de restaurant où vous dînerez avant le spectacle.
L'examinateur joue le rôle de votre ami.

Activité 24 : Une mission en France

Vous êtes intéressé(e) par un stage professionnel à Paris. Vous vous renseignez sur les dates et la durée du stage, les logements proches du lieu de stage ainsi que les tarifs. Vous vous informez aussi sur les visites à faire pendant votre séjour. Vous vous inscrivez.
L'examinateur joue le rôle de l'organisateur du stage.

PRODUCTION ORALE

vers l'épreuve

> **N'oubliez pas !**
> • Saluez l'examinateur quand vous entrez et quand vous sortez de la salle d'examen.
> • Montrez votre convocation et votre pièce d'identité à l'examinateur : il a besoin de savoir qui vous êtes pour pouvoir remplir la feuille de notes !
> • Vous ne comprenez pas bien ce qu'il faut faire dans un exercice ? Demandez des explications à l'examinateur avant d'aller préparer !

1. ENTRETIEN DIRIGÉ   1 minute 30 environ

Présentez-vous (parlez de vous, de votre famille, de vos amis, de vos études, de vos goûts, etc.).

2. MONOLOGUE SUIVI   2 minutes environ

Choisissez l'un des deux sujets suivants et exprimez-vous sur ce thème :

Sujet 1 : Un voyage à l'étranger
Vous gagnez un voyage à un concours. Dans quel pays choisissez-vous d'aller ? Pourquoi ? Avec qui partez-vous et pour combien de temps ? Quelles activités faites-vous ?

Sujet 2 : Votre lieu de travail
Quelle est votre profession et où travaillez-vous ? Décrivez votre lieu de travail : qu'est-ce que vous aimez dans ce lieu ? Qu'est-ce que vous n'aimez pas ? Dites pourquoi.

3. EXERCICE EN INTERACTION   3 à 4 minutes environ

Choisissez l'un des deux sujets suivants et simulez un dialogue de la vie quotidienne.

Sujet 1 : Un week-end entre amis
Vous avez décidé de partir en week-end avec un ami suisse. Vous vous mettez d'accord sur la destination et la durée de votre séjour, le moyen de transport, l'hébergement (camping ? hôtel ?) et les activités que vous ferez.
L'examinateur joue le rôle de votre ami.

Sujet 2 : À la médiathèque
Vous habitez en Belgique et vous allez à la médiathèque de votre quartier. Vous vous renseignez sur les conditions d'inscription, les tarifs, les horaires, le type de documents disponibles, etc. Vous vous inscrivez.
L'examinateur joue le rôle de l'employé de la médiathèque.

AUTOÉVALUATION

	☺	😐	☹
Je peux décrire ou présenter simplement des gens, des conditions de vie, des activités quotidiennes.			
Je peux expliquer ce que j'aime et ce que je n'aime pas.			
Je peux décrire ma formation, mes études ou mon travail.			
Je peux décrire des événements, des activités passées et des expériences personnelles.			
Je peux décrire des projets.			
Je peux exprimer mes impressions en termes simples.			
Je peux comparer des personnes, des objets ou des situations.			
Je peux répondre à des questions simples et directes.			
Je peux faire un bref exposé préparé sur un sujet familier.			
Je peux aborder quelqu'un de façon polie.			
Je peux adapter mon registre de langue et les formules de politesse au destinataire.			
Je peux demander et donner un renseignement.			
Je peux discuter avec quelqu'un de ce que l'on va faire et où on va aller.			
Je peux convenir de l'heure et du lieu d'un rendez-vous.			
Je peux inviter, accepter ou refuser une invitation.			
Je peux faire des achats simples, dire ce que je cherche et en demander le prix.			
Je peux commander quelque chose.			
Je peux dire si je suis d'accord ou pas avec quelque chose ou quelqu'un.			
Je peux m'excuser et donner des explications.			
Je peux donner des instructions simples.			
Je peux demander de l'aide.			

PRODUCTION ORALE

Transcriptions

Activité 3 - page 74 / piste 27

Extrait 1
Bonjour, je vais vous présenter Hugo Bolaños. Il est espagnol, il a 43 ans et il est célibataire. Il habite en Espagne, dans la très jolie ville de Madrid, qui est aussi la capitale. Il exerce le métier de directeur commercial dans une grande banque internationale. Ce qu'il apprécie le plus dans la vie, c'est aller manger au restaurant avec ses amis. C'est un gourmand ! Mais il est aussi sportif, il pratique la natation tous les week-ends. Il joue aussi régulièrement au football avec l'équipe de son quartier. Il doit apprendre le français pour son travail car il a beaucoup de clients en France et au Québec.

Extrait 2
Bonjour, elle s'appelle Akiko Okamoto, elle est de nationalité japonaise. Elle a 27 ans, elle est mariée et elle a un enfant. Elle vit au Japon, dans la ville la plus peuplée du monde, c'est-à-dire Tokyo ! Elle travaille comme styliste pour une grande marque de luxe coréenne. Elle est passionnée par l'art en général et s'intéresse en particulier à l'univers de la mode. Pour se détendre, elle fait du vélo le soir après le travail. Mais ce qu'elle adore, c'est faire la cuisine pour ses amis, même si elle, elle est végétarienne ! Elle n'a pas encore eu la chance de voyager en Europe, mais elle espère y aller l'année prochaine.

Extrait 3
Bonjour, je vous présente João Freire. Il est brésilien, et vit au Brésil, à Rio de Janeiro. Il a 38 ans, il a deux enfants adorables, une fille de 5 ans et un garçon de 8 ans, mais il est divorcé. Son métier est pilote d'avion. Il travaille depuis 13 ans pour la compagnie aérienne nationale brésilienne. Il aime beaucoup le vin, surtout le vin français, mais malheureusement, il déteste le fromage ! Quand il ne travaille pas, il fait de la capoeira dans un club très connu, mais il aime aussi jouer au golf avec son frère. Il rêve d'aller vivre dans le Sud de la France très bientôt !

Activité 4 - page 75 / piste 28

D'où venez-vous ?

Qu'est-ce que vous faites comme travail ?

Depuis combien de temps apprenez-vous le français ?

Trouvez-vous cela difficile ?

Pourquoi est-ce que vous apprenez le français ?

Vous pratiquez un sport ? Lequel et pourquoi ?

Quel type de musique aimez-vous ?

Et enfin la dernière question : qu'est-ce que vous détestez le plus dans la vie ?

Les nouvelles façons de vivre

LA NOUVELLE VIE DE FAMILLE

➥ Le mariage et le divorce

Selon les chiffres de l'Insee (Institut national de la statistique et des études économiques), au 1er janvier 2010, 64,7 millions de personnes vivent en France métropolitaine et dans les départements d'outre-mer (îles de la Guadeloupe, la Martinique, la Guyane et la Réunion). Depuis les années 1970, la population a toujours augmenté et la société française a beaucoup changé. La vie de famille est un des changements les plus importants. Par exemple, le nombre de divorcés est passé de 38 900 en 1970 à 132 594 en 2008.

Mariages et divorces en 2008

	Nombre de mariages	Proportions de mariages de célibataires (en %)		Âge moyen au mariage des célibataires		Nombre de divorces
		Femmes	Hommes	Femmes	Hommes	
2008	265 404	80,5	79,3	29,7	31,6	132 594

Le mariage est en baisse, mais le pacs (le pacte civil de solidarité) est en hausse depuis sa création en 1999. Le pacs est un contrat signé entre deux personnes pour organiser leur vie commune. Ces deux personnes doivent être majeures, de sexe opposé ou de même sexe.
175 000 couples ont choisi le pacs en 2009. 95 % de ces pacs ont été conclus par des partenaires de sexes opposés. Au total, après 10 ans d'existence, plus de 700 000 pacs ont déjà été signés.

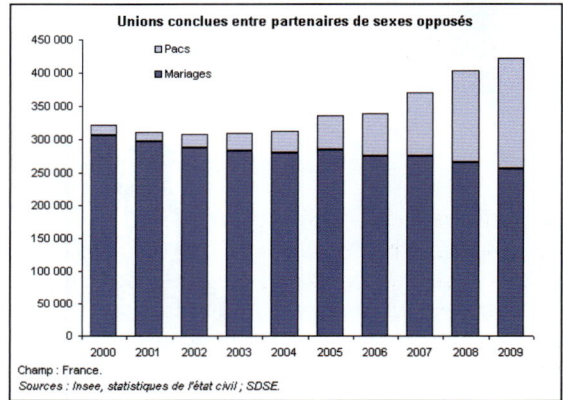

Au contraire, les mariages deviennent moins fréquents : 256 000 ont été célébrés en 2009, soit 3,5 % de moins qu'en 2008. Les Français choisissent souvent le pacs car l'organisation est beaucoup plus simple que pour le mariage. Une simple signature au tribunal d'instance est nécessaire. De même pour se « dépacser* », une signature suffit.
se dépacser : arrêter d'être pacsé

➥ La famille recomposée

Tous ces changements dans les relations de couples ont entraîné un nouveau type de famille appelée « famille recomposée ». Une famille recomposée comprend un couple d'adultes, mariés une première fois ou non, et au moins un enfant né de l'union précédente, et, parfois, en plus, les enfants de la nouvelle union. En France, environ 1,2 million d'enfants vivent dans une famille recomposée (8,8 % du total des enfants de moins de 18 ans).

Pour les enfants, la vie avec le beau-père, la belle-mère, les demi-frères et demi-sœurs n'est pas toujours facile. La principale difficulté est d'accepter ces nouveaux beaux-parents ou demi-frères et demi-sœurs. La jalousie et les conflits sont assez souvent présents dans ces familles où les enfants doivent « partager » un de leur parent, mais aussi parfois leur maison, voire leur chambre avec les nouveaux venus ! Mais une grande amitié entre les nouveaux frères et sœurs se crée très souvent avec les années. Les enfants s'appellent entre eux presque toujours comme « frères » et « sœurs ». Peu utilisent les expressions de « demi-frère » ou « demi-sœur ».

Domaine public

LES NOUVEAUX SPORTS

De nouveaux sports se sont développés en France ces dernières années. Ces nouveaux sports spectaculaires se pratiquent dans la rue (roller, skate), l'eau (surf, plongée), l'air (parapente, deltaplane), la nature (escalade, eaux-vives) et la neige (snowboard, ski).

Vous voulez faire du sport et recherchez de nouvelles sensations ? Saisissez votre chance : faites partie des premiers à découvrir et pratiquer un sport nouveau !

Le Kitesurf, pour s'envoler avec la vague !
Ce nouveau sport a été inventé par Manu Bertin, sportif français et vice-champion du monde de planche à voile de vitesse. Pour lui, ce sport n'évoluait pas et il a donc créé le Kite : une plus grande liberté de mouvement et des sensations uniques à la fois sur l'eau, dans l'espace et au contact du vent.
Le Kitesurf est un sport nautique entre le surf et le cerf-volant. Il fait travailler tous les muscles.
Grâce à la voile accrochée au surf, le Kitesurfer peut faire des sauts de 15 mètres de hauteur ! Incroyable !

Le parachutisme, pour prendre l'air !
Le parachutisme est une activité qui devient de plus en plus accessible à tous. Il est ouvert aux personnes âgées de 15 à 79 ans.
Le saut en tandem (avec le professeur) est obligatoire pour faire un premier saut en chute libre. L'avion s'envole et monte dans le ciel pendant une quinzaine de minutes pour atteindre l'altitude de 3 500 à 4 200 mètres. Le saut en chute libre dure ensuite environ 55 secondes. Il atteint des vitesses proches de 250 km/h ! Le parachute s'ouvre doucement à 1 500 mètres puis c'est parti pour 7 à 8 minutes de descente sous voile.
L'idéal est de sauter dans une zone de montagne ou de mer, pour admirer un paysage magnifique, comme à Arcachon.

Le BMX, pour découvrir tous les coins de la ville !
Le Bicycle Moto Cross (ou bicross) est un sport « extrême » très technique et très spectaculaire.
Au départ, le BMX était pratiqué par des jeunes qui n'avaient pas les moyens de faire de la moto. Le vélo de bicross est petit et donc très facile à bouger sur les pistes de 400 mètres lors des compétitions officielles. Il est devenu discipline olympique lors des Jeux olympiques de Pékin en 2008.
Mais une pratique plus libre du BMX est aussi à la mode : pratiquer dans la rue, sans règle !
Le « freestyler » est celui qui utilise son BMX pour faire des figures acrobatiques, sur les trottoirs, les escaliers, les murs, etc.

LES NOUVELLES VACANCES

Avec l'entrée dans le XXIe siècle, les vacances des Français ont changé! Depuis quelques années se sont développées « les vacances à thème ». Chacun peut ainsi se faire vraiment plaisir! En voici quelques exemples.

➤ Les vacances pour célibataires

Le nombre de célibataires et de divorcés a énormément augmenté depuis une vingtaine d'années en France, et beaucoup d'agences de voyages se sont donc adaptées à la nouvelle demande de vacances pour ces personnes seules ou avec un enfant, appelées « les solos ».

Ces voyagistes proposent des séjours pour se détendre, rire et s'amuser, pour tous les goûts et tous les budgets. Ils permettent aux célibataires de rencontrer d'autres personnes libres comme eux, et de profiter en même temps de tout ce qui est agréable à faire à plusieurs et qu'ils ne font pas parce qu'ils sont seuls! Généralement, les séjours sont organisés par classe d'âge (18 à 25 ans, 20 à 35 ans, 30 à 45 ans, 40 à 55 ans, 50 à 65 ans ou 60 à 75 ans) et se font selon les préférences de chacun. Il existe également des séjours pour familles monoparentales.

➤ Le Congé Solidaire

De plus en plus d'associations proposent des voyages qui respectent l'environnement, un tourisme responsable basé sur la solidarité et les échanges avec les habitants.

Voici un exemple de mission de solidarité : « le Congé Solidaire ». L'association Planète Urgence propose des missions pour agir pour l'homme dans son environnement.

Créée en 2000, le principe de cette association est simple. Il faut être salarié d'une entreprise, avoir une bonne capacité d'adaptation et donner au minimum 15 jours de son temps libre, pour participer à une mission de solidarité internationale. Pas besoin d'être un spécialiste de l'humanitaire, toutes les compétences personnelles ou professionnelles sont les bienvenues! L'association travaille en appui à des projets créés et gérés par des acteurs locaux sur la formation professionnelle des adultes, l'appui éducatif, la protection et la restauration de la biodiversité.

Une mission dure 15 jours. Avant de partir, il faut participer à une formation obligatoire pour se préparer à la mission de solidarité internationale (modules de sensibilisation aux enjeux de la solidarité internationale, découverte du pays, structures d'accueil, organisation sur place...).

➤ Les vacances originales

La cabane dans les arbres. Quel enfant n'a pas rêvé un jour d'habiter dans une cabane? Ce rêve est maintenant possible, pour les enfants comme pour les adultes! Ils peuvent dormir à 5, 10, 16 ou à 21 mètres de haut, dans une cabane, dans un arbre! Ces cabanes existent presque partout en France, et il y en a pour tous les goûts: pour une soirée en amoureux, en famille, avec ses amis; pour les sportifs et les moins courageux...! Par exemple, la cabane « tyrolienne » se trouve à 13 mètres de hauteur. Pour y arriver, il faut passer d'un arbre à l'autre! Les vacanciers portent un casque... mais ces cabanes sont interdites aux moins de 16 ans (1 m 60 minimum).

Le coffret-cadeau : *Séjour route des vins*

Les « coffrets cadeaux » sont à la mode en France et de nombreux sites Internet vendent notamment des coffrets-voyages. Bien-être, aventure, sport, gastronomie, nouvelle tendance sont les mots-clés de ces nouvelles formules voyages. On ne part plus au hasard, on choisit désormais son thème de vacances!

Les coffrets pour des séjours gastronomiques se vendent beaucoup. Passer un week-end à découvrir les vins français avec le séjour « Route des vins » par exemple est un cadeau très apprécié. Le coffret contient une nuit pour 2 personnes dans un joli hôtel avec petit-déjeuner et dégustation de vins dans les principales régions viticoles françaises.

Domaine public

QUIZ 1. La nouvelle vie de famille

		VRAI	FAUX
1	Le nombre de divorcés a baissé en France de 1970 à 2008.		
2	Deux personnes du même sexe peuvent conclure un pacs.		
3	En 2009, il y a eu plus de mariages que de pacs.		
4	Les parents d'une famille recomposée sont obligatoirement mariés.		
5	En France, la mère donne toujours son nom de famille à l'enfant.		

QUIZ 2. Les nouveaux sports

		VRAI	FAUX
1	Le Kitesurf permet de faire des sauts dans l'eau.		
2	Le parachutisme est réservé aux jeunes.		
3	On peut sauter seul dès le premier saut en parachute.		
4	Le BMX est un sport olympique.		
5	La pratique du BMX dans la rue a beaucoup de règles.		

QUIZ 3. Les nouvelles vacances

		VRAI	FAUX
1	Les « solos » sont les personnes qui voyagent sans enfant.		
2	Les personnes sans emploi peuvent partir en congé solidaire.		
3	Suivre une formation est obligatoire avant le départ en mission humanitaire.		
4	Il faut être sportif pour dormir dans la cabane tyrolienne dans les arbres.		
5	Les coffrets-cadeaux « Route des vins » contiennent une bouteille de vin.		

Se loger et se divertir autrement

UNE NOUVELLE MANIÈRE DE VIVRE : LA COLOCATION

Habiter dans une grande ville française peut être très difficile, car il y a parfois peu de logements disponibles et les loyers coûtent souvent très cher. Il existe pourtant une solution : la colocation, c'est-à-dire le partage par plusieurs personnes d'un même logement.

➡ La colocation entre jeunes adultes

Mode de logement préféré des étudiants et de beaucoup de jeunes salariés, la colocation consiste à se réunir pour louer tous ensemble un grand appartement où chacun a sa chambre. Salle de bain, toilettes, cuisine et salon devront au contraire être partagés par tous. C'est très économique : chacun paye sa partie du loyer et des charges du logement (les factures communes à tous : eau, électricité, téléphone, gaz, Internet, etc.).

Vivre en communauté, c'est partager de bons moments mais aussi… les tâches ménagères : vaisselle, ménage, cuisine, etc. On décide alors des règles de vie pour la colocation : courses, nettoyage, téléphone, ne pas rester trop longtemps dans la salle de bains commune, etc. Des guides de la colocation existent, pour aider à bien organiser la vie en colocation et pour répondre à des questions administratives ou pratiques.

De nombreux sites Internet spécialisés proposent des petites annonces pour des colocations. Quand une chambre est libre dans un logement, les autres colocataires choisissent ensemble un nouveau colocataire ; pour lui, c'est presque comme un entretien d'embauche : questions sur sa vie professionnelle ou ses études, son caractère et ses motivations… Le but est de trouver la personne idéale pour permettre que la vie en communauté se passe bien.

Un film français de 2001, *L'Auberge espagnole*, parle avec humour de la colocation chez les étudiants ! Le connaissez-vous ?

➡ L'habitat intergénérationnel

Les personnes âgées en France sont de plus en plus nombreuses, mais aussi souvent seules : elles n'ont pas toujours la possibilité physique ou financière de s'occuper de leur maison. Pour les aider, on a inventé « l'habitat intergénérationnel » : la cohabitation dans un même logement de jeunes et de personnes âgées, ce qui permet de réunir deux générations et de créer des échanges entre elles.

Par exemple, un jeune étudiant à la recherche d'un logement vient vivre avec une personne âgée : le « senior » prête gratuitement ou loue à bas prix une chambre à l'étudiant, qui, en échange, rend tous les jours quelques services de la vie quotidienne à la personne âgée (vaisselle, courses, etc.). Tous deux sont satisfaits de cette situation : un logement à petit prix pour l'étudiant, une aide au quotidien pour le senior, et pour les deux, conversations, échanges et sécurité !

HABITER AUTREMENT : LOGEMENT ET ÉCOLOGIE

Aujourd'hui, l'écologie est un thème très important pour les Français : voici quelques exemples liés au logement.

➡ Les maisons écologiques

Les constructions écologiques sont de plus en plus nombreuses en France et l'État donne de l'argent (des « subventions ») pour développer ces logements « écolos ».
L'habitat écologique est fait avec des matériaux naturels comme le bois, la pierre ou la paille qui ne polluent pas et qui sont efficaces ; cela permet de diminuer la

consommation d'énergie. Certains logements ont même des panneaux solaires sur le toit ou des éoliennes qui utilisent la force du vent afin de produire leur propre électricité.

Dans les maisons bioclimatiques, adaptées au climat et à la nature du lieu où elles sont construites, on trouve aussi, par exemple :

- un toit vert : une couche végétale naturelle est posée sur le toit ; la terre et les végétaux résistent au vent et à la pluie et protègent la maison du froid et du chaud.
- une orientation idéale : le logement est orienté vers le Sud pour recevoir le plus de soleil possible.
- un endroit pour récupérer l'eau de pluie qui sera utilisée pour les toilettes ou pour le jardin.

➡ Drôles de logements !

Pour être plus près de la nature, certaines personnes choisissent de vivre dans des logements originaux. Voici quelques exemples :

La maison ronde en bois :

un logement écologique et lumineux qui tourne sur lui-même grâce à un moteur ! Pratique pour avoir une autre vue sur le paysage, protéger les chambres du bruit, ou se mettre à l'ombre ou au soleil quand on a chaud ou froid !

La péniche :

un bateau-maison qui est à la fois un grand logement confortable et un moyen de transport sur les fleuves. Attention, dans les grandes villes comme Lyon et Paris, les péniches doivent payer pour rester au même endroit sur les quais.

L'habitat troglodytique :

ce sont des maisons construites dans la pierre. En France, on en trouve dans plus de 50 départements, principalement en Touraine et en Anjou ; créées souvent il y a plusieurs siècles, elles sont toujours habitées mais adaptées à la vie d'aujourd'hui.

L'écologie, c'est aussi le recyclage, c'est-à-dire la réutilisation des objets et des matériaux usagés. Le recyclage fonctionne également dans la construction de logements : par exemple, les containers utilisés pour transporter les marchandises dans les bateaux, mis l'un sur l'autre, peuvent facilement devenir de petits appartements bien isolés et très modernes.

Ces logements alternatifs vous intéressent ? Vous pouvez les essayer pour une nuit ou quelques jours : certains professionnels du tourisme les proposent (*cf.* domaine personnel p. 94).

CULTURE ET LOISIRS POUR TOUS

Vous connaissez déjà la Fête de la musique qui a lieu chaque année le 21 juin dans plus de 100 pays ? Aujourd'hui, de nombreuses autres activités populaires et gratuites rendent les loisirs et la culture accessibles à tous ! En voici quelques-unes…

➥ Paris Plages

Aller à la plage sans partir en vacances, c'est possible tous les étés, à Paris, depuis 2002 !

Pendant un mois, en juillet-août, la mairie de Paris interdit les voitures sur les quais de la Seine et y installe du sable, des palmiers et des chaises longues : maillots de bain et bronzage autorisés en pleine ville ! Il fait trop chaud ? Vite ! Une baignade dans la piscine spécialement créée sur la Seine pour Paris Plages ou une douche au soleil !

De nombreuses autres activités sont possibles à Paris Plages : cours de danse, sports, animations culturelles, concerts… Pour les plus jeunes, des activités spéciales sont organisées : dessin, création de tee-shirt, expériences scientifiques.

Cet événement très populaire pour les Parisiens existe aujourd'hui dans d'autres villes françaises ou du monde !

➥ Visites exceptionnelles

Visiter des lieux publics non touristiques ? C'est possible une fois par an, le troisième week-end de septembre, pendant les Journées du Patrimoine, créées en 1984 par le ministère de la Culture.

Les Français aiment beaucoup les Journées du Patrimoine, car c'est l'occasion de mieux connaître leur culture et leur histoire et de visiter, le plus souvent gratuitement, des lieux fermés aux touristes le reste de l'année : le palais de l'Élysée (résidence du président de la République), les ministères, les ambassades, etc. Beaucoup d'autres lieux, publics ou privés, sont également ouverts, pour une visite exceptionnelle ou pour présenter des collections privées : grands restaurants, théâtres, opéras, châteaux, usines, médias (Radio France, France Télévisions), etc.

Depuis 1991, et avec l'aide du Conseil de l'Europe et de l'Union européenne, les Journées du Patrimoine ont lieu dans 49 autres pays : on parle maintenant des « Journées européennes du patrimoine ».

➥ Expositions gratuites

Si vous aimez l'art contemporain, ne ratez pas la Nuit Blanche. Cet événement, organisé en mai, est un parcours artistique d'art contemporain qui vous emmènera d'une performance à une installation artistique éphémère, créée seulement pour cette occasion.

➥ Un « bon plan » : comment entrer gratuitement dans les musées ?

Généralement payants, les musées français peuvent cependant se visiter gratuitement à certaines occasions :

- La Nuit européenne des musées : depuis 2005, les musées sont ouverts une nuit du mois de mai, pour une visite très originale !

- Le premier dimanche de chaque mois, les musées et monuments nationaux sont gratuits pour tous, toute l'année (musées du Louvre ou d'Orsay à Paris, maison Bonaparte à Ajaccio, etc.) ou seulement l'hiver (château de Versailles par exemple).

Domaine public

QUIZ 1. Une nouvelle manière de vivre : la colocation

		VRAI	FAUX
1	On appelle « colocation » le fait de partager un appartement ou une maison.	✓	
2	Les charges d'un appartement ne sont pas partagées entre les colocataires.		✓
3	Pour bien vivre en colocation, il faut fixer des règles communes à tous.	✓	
4	L'habitat intergénérationnel est un type de colocation entre jeunes et personnes âgées.	✓	
5	L'habitat intergénérationnel est intéressant seulement pour la personne âgée.		✓

QUIZ 2. Habiter autrement : logement et écologie

		VRAI	FAUX
1	L'État finance la construction de maisons traditionnelles.	✓	
2	Les maisons écologiques sont parfois équipées pour produire leur propre énergie.	✓	
3	Mettre certaines plantes sur le toit des maisons permet d'économiser de l'énergie.	✓	
4	En France, aujourd'hui, plus personne ne vit dans des grottes.		✓
5	Certaines maisons sont construites avec des matériaux recyclés.	✓	

QUIZ 3. Culture et loisirs pour tous

		VRAI	FAUX
1	À Paris Plages, on peut seulement nager et bronzer.		✓
2	On peut visiter des lieux normalement interdits au public pendant les Journées du Patrimoine.		✓
3	La Nuit Blanche présente des œuvres d'art classiques.		✓
4	La Nuit des musées a lieu en mai.	✓	
5	Les musées nationaux sont gratuits tous les dimanches.		✓

99

Apprendre à tout âge !

1. LE LYCÉE MUNICIPAL POUR ADULTES DE LA VILLE DE PARIS

Ce lycée, situé dans le 14e arrondissement de Paris, est différent des autres lycées car il est réservé aux personnes qui ont arrêté l'école très jeunes et qui reprennent des études à l'âge adulte.

Ces adultes s'inscrivent dans ce lycée :
- pour le plaisir d'étudier ;
- pour passer le baccalauréat (le bac), le diplôme de fin de scolarité, passé généralement à 18 ans, pour être comme les autres ;
- pour des raisons professionnelles (pour faire une formation ou une spécialisation, ou encore pour pouvoir changer de poste ou de métier).

Tous les « auditeurs » (les adultes qui sont inscrits dans ce lycée) sont très motivés et acceptent, pour réussir, d'être présents à tous les cours. Leur motivation est très importante, car il est vraiment difficile de reprendre des études à 30, 40 ou 60 ans ! Le lycée municipal pour adultes (LMA) est ouvert seulement en cours du soir, du lundi au vendredi de 18 heures à 22 heures, et en plus, pour les classes de terminale*, le samedi matin de 9 heures à 13 heures. Pour les personnes qui travaillent, cela veut dire qu'elles doivent exercer leur profession le jour et aller étudier le soir ; il faut également ajouter les devoirs et les révisions pendant le week-end, sans oublier la vie de famille !

Mais « le jeu en vaut la chandelle »** : par exemple, Tahar, orphelin à 16 ans, a dû travailler très jeune pour aider sa famille ; pourtant, il aimait beaucoup l'école. Alors, il a repris ses études beaucoup plus tard et a passé son bac littéraire à 67 ans ! La prochaine étape, pour lui ? Une licence de philosophie !

Le LMA est un peu différent des autres lycées : le programme des cours est celui du ministère de l'Éducation nationale, mais il faut le faire en moins de temps que dans un lycée classique. Les professeurs sont tous choisis pour leur capacité à écouter : en effet, beaucoup d'adultes sont en situation d'échec scolaire avant d'entrer dans ce lycée, et il faut leur redonner confiance, savoir les comprendre et les guider. L'équipe pédagogique est donc ouverte et très proche de ses « auditeurs ».

Pour pouvoir entrer dans ce lycée, il n'y a pas de concours ou de conditions financières : après un test de niveau et un entretien individuel, on détermine la classe dans laquelle l'adulte peut étudier. En plus, le prix est très intéressant : moins de 100 euros pour toute l'année !

Chaque année, le LMA enregistre plus de 200 inscriptions et ouvre plusieurs classes de secondes, premières*** et terminales littéraire, scientifique et économique et sociale.

2. LA FORMATION TOUT AU LONG DE LA VIE PROFESSIONNELLE

La loi sur la formation professionnelle tout au long de la vie a été votée le 4 mai 2004. Elle oblige notamment chaque employeur à participer au paiement de la formation continue de ses employés, et leur donne le droit de se former pendant leur temps de travail. Cette loi permet à chaque salarié de recevoir un droit individuel à la formation (DIF) de 20 heures par an. Grâce à cette loi, il est possible de se former ou d'obtenir un diplôme à tout âge.

---

* La terminale est la dernière année de lycée ; c'est également l'année où les lycéens passent le bac.
** Expression qui signifie qu'une chose vaut la peine d'être faite.
*** Seconde : première année de lycée ; première : deuxième année de lycée.

Domaine éducationnel

➥ Quels partenaires participent à la mise en place de la formation professionnelle continue ?

- L'État, représenté par le ministère de l'Économie, de l'Industrie et de l'Emploi et le ministère de l'Éducation nationale ;
- les 22 régions administratives françaises ;
- les entreprises.

➥ Qui peut bénéficier de la formation professionnelle continue ?

- Les salariés ;
- les non salariés (agriculteurs, professions libérales, artisans, commerçants, travailleurs indépendants) ;
- les demandeurs d'emploi ;
- les jeunes en alternance****.

➥ Qui peut organiser les formations continues ?

Les entreprises elles-mêmes, quand elles ont leur propre service de formation continue, ou des organismes de formation spécialisés (il y en a plus de 48 000 en France). Ces organismes peuvent être :
- publics (ils représentent environ 20 % de l'activité de formation pour adultes en France) : GRETA (groupe d'établissements de l'Éducation nationale), AFPA (Association pour la formation professionnelle des adultes), services de formation continue des universités, CNAM (Conservatoire national des arts et métiers), etc. ;
- parapublics : chambres de commerce, chambres des métiers ;
- privés (ces organismes s'occupent d'environ 80 % de l'activité de formation pour adultes en France).

➥ Quels types de formation sont possibles ?

- Des formations linguistiques : de l'alphabétisation, des langues étrangères (croate, allemand, japonais, français langue étrangère, etc.), de l'aide à la communication professionnelle en français (rédaction de lettres et rapports, par exemple) ;
- des formations techniques complémentaires : réparations automobiles sur véhicules anciens, informatique, marketing, etc. ;
- des formations techniques diplômantes : Brevet de technicien supérieur en négociation et relation client en milieu bancaire, Brevet d'études professionnelles Optique-Lunetterie, Certificat d'aptitude professionnelle en préparation et réalisation d'ouvrages électriques, etc. ;
- des préparations à des concours.

3. LES ASSISTANTS DE LANGUE ÉTRANGÈRE EN FRANCE

Vous avez envie de partager votre culture avec de jeunes Français et de leur apprendre votre langue maternelle, ou vous souhaitez devenir professeur et voulez avoir une première expérience de l'enseignement ? De plus, vous parlez français, vous aimeriez vous perfectionner et vous rêvez de découvrir de près la France et sa culture ? Alors, le programme d'assistant de langue étrangère est fait pour vous !

Ce programme permet à des jeunes de 20 à 30 ans, titulaires d'une licence ou d'une formation de type Bac+2, de venir passer 7 à 9 mois en France dans un ou plusieurs établissements scolaires (école primaire, collège ou lycée). En tant qu'assistant de langue, vous gagnez un salaire d'environ 780 euros par mois :
- votre rôle : aider l'enseignant de langue dans sa classe et/ou vous occuper seul(e) d'un groupe d'élèves pendant 12 heures chaque semaine ;

**** Alternance : formation diplômante composée de cours théoriques et de stages pratiques en entreprise.

- vos objectifs : permettre aux élèves de communiquer avec un jeune qui parle la langue qu'ils apprennent, leur faire découvrir la variété du vocabulaire et des différents accents de votre langue, tout comme la culture de votre pays, ou encore réaliser des projets particuliers (participer à l'organisation d'un échange scolaire entre votre établissement d'accueil et une école de votre pays, enregistrer des documents sonores dans votre langue pour les enseignants de votre établissement, etc.) ;

- vos moyens : des documents authentiques que vous apporterez avec vous (livres, magazines, BD, films, chansons, jeux...) et qui permettront de faire pratiquer votre langue aux élèves, mais aussi des documents pédagogiques mis à disposition par les enseignants ou les organismes organisateurs des séjours des assistants, et surtout... votre dynamisme et votre imagination !

Le programme d'assistant de langue étrangère en France est valable pour des jeunes qui parlent certaines langues et viennent de plusieurs pays :

Langue enseignée	Pays participant
Allemand	Allemagne, Autriche, Suisse
Anglais	Afrique du Sud, Australie, Bahamas, Barbades, Canada, États-Unis, Inde, Irlande, Jamaïque, Nouvelle-Zélande, Royaume-Uni, Trinité et Tobago
Arabe	Égypte, Jordanie, Syrie, Yémen, Territoires autonomes palestiniens et Jérusalem-Est
Espagnol	Argentine, Bolivie, Chili, Colombie, Costa Rica, Cuba, El Salvador, Équateur, Espagne, Guatemala, Honduras, Mexique, Nicaragua, Panama, Paraguay, Pérou, Uruguay, Venezuela
Portugais	Brésil, Portugal

Différents pays participent également à ce programme et représentent d'autres langues : la Chine, Israël, l'Italie, la Norvège, les Pays-Bas, la Pologne, la République Tchèque, la Russie, la Slovaquie, Taïwan et la Turquie.

L'expérience vous intéresse ? Consultez vite la page http://www.ciep.fr/assistantetr/index.php pour plus d'informations ! Comme Irène, Luis, Katrin, Matt ou Yu, vous pourrez peut-être vivre une expérience exceptionnelle en France...

Domaine éducationnel

QUIZ 1. Le lycée municipal pour adultes de la Ville de Paris

		VRAI	FAUX
1	Le LMA accueille aussi des adolescents.		
2	Les « auditeurs » sont les professeurs du LMA.		
3	Il y a des cours le samedi matin pour les classes de seconde et première.		
4	Pour entrer au LMA, il faut passer un petit examen de niveau.		
5	Moins de 150 adultes s'inscrivent chaque année au LMA.		

QUIZ 2. La formation tout au long de la vie professionnelle

		VRAI	FAUX
1	La loi sur la formation professionnelle tout au long de la vie date de 2006.		
2	Les entreprises sont obligées de financer la formation continue de leurs employés.		
3	Un chômeur ne peut pas faire de la formation continue.		
4	La majorité des organismes de formation continue sont privés.		
5	Grâce à la formation continue, on peut faire des études diplômantes.		

QUIZ 3. Les assistants de langue étrangère

		VRAI	FAUX
1	Il n'y a pas de condition d'âge pour être assistant de langue étrangère.		
2	On peut être assistant de langue sans avoir fait d'études universitaires.		
3	L'assistant de langue reçoit un salaire.		
4	L'assistant de langue doit développer l'expression orale des élèves.		
5	Seuls certains pays participent au programme des assistants de langue.		

Le travail en France aujourd'hui

LE TÉLÉTRAVAIL

➡ Qu'est-ce que le télétravail ?

Avec le développement des NTIC (Nouvelles technologies de l'information et de la communication) et d'Internet, un nouveau mode de travail est né : le télétravail. C'est une solution qui permet de travailler à distance de son entreprise et d'être en même temps en contact avec ses collègues et son employeur.

En France, il y a environ 2,2 millions de télétravailleurs, soit environ 7,4 % de la population active, pour une moyenne européenne de 13 % et de 25 % aux États-Unis.

Selon la loi de juillet 2005, le travail à distance doit être un choix volontaire pour le salarié et l'employeur. Un salarié ne peut donc être licencié* s'il refuse un poste en télétravail. De plus, le télétravailleur a le droit au respect de sa vie privée : l'employeur peut le contacter uniquement pendant les heures de travail.

Le télétravail

Pour le salarié :	
• inutile d'utiliser les transports en commun ; • plus grande efficacité ; • moins de stress ; • meilleure qualité de vie ; • du temps gagné ; • plus nécessaire de déménager si l'entreprise s'installe dans une autre ville ; • les personnes handicapées n'ont plus besoin de se déplacer et peuvent donc avoir une activité professionnelle depuis leur domicile.	• sentiment d'être seul ; • manque de lien social avec ses collègues (déjeuner à la cantine, pause-café, etc.).
Pour l'entreprise :	
• économies d'espace : plus besoin d'un bureau pour le télétravailleur ! • moins d'absences ; • une image moderne de l'entreprise : le télétravail intéresse souvent de jeunes diplômés qui souhaitent trouver un équilibre entre vie professionnelle et vie privée.	• difficile de connaître le temps exact travaillé par le salarié : - trop ? (sans repos, avec des heures supplémentaires non payées, ce qui est illégal) ; - pas assez ? (comment l'employeur peut-il vérifier que les heures de travail mensuelles sont bien respectées ?). • difficile de diriger une équipe de télétravailleurs à distance de façon efficace. Le téléphone et les courriels ne remplacent pas la présence physique et les contacts quotidiens entre un manager et son équipe.

* Licencier : quand une entreprise arrête d'employer un de ses travailleurs (pour faute professionnelle par exemple).

ÉGALITÉ PROFESSIONNELLE ENTRE HOMMES ET FEMMES

D'après une enquête de l'Insee*, seulement 17 % des dirigeants en France sont aujourd'hui des femmes, elles représentent pourtant 47,2 % de la population active. Peu nombreuses, ces dirigeantes sont également moins bien payées que les hommes : en moyenne, leur salaire est de 33 % inférieur. Cela se passe aussi à tous les niveaux de l'entreprise, de l'employée à la cadre supérieure.

L'égalité hommes-femmes n'est donc pas vraiment respectée pour l'emploi, même si la situation évolue depuis quelques années. Les femmes qui ont obtenu des postes à responsabilité ont dû faire des choix parfois très difficiles pour organiser vie professionnelle et vie privée.

Alice Roze, 45 ans, un garçon de 15 ans et une fille de 13 ans, PDG** d'une marque de luxe, répond à quelques questions à ce sujet.

Vie professionnelle, vie personnelle : comment vous organisez-vous ?

Alice Roze : Une employée de maison s'occupe du ménage, des courses et de la cuisine. Une jeune fille au pair*** s'occupe des enfants. Je peux donc avoir des loisirs : je joue au tennis et au golf et je vais au cinéma et à l'opéra.

Quelles difficultés rencontrez-vous dans votre vie professionnelle ?

Je rencontre les mêmes difficultés que les hommes. Le plus difficile, en fait, c'est de gérer en parallèle ma carrière et celle de mon mari.

Avez-vous arrêté de travailler pendant une période ?

Non, sauf pendant mes deux congés maternité. Mais j'avais tout organisé pour pouvoir m'absenter tranquillement. Je suis restée en contact régulier avec mes équipes, ainsi mes deux absences et mes retours à la vie professionnelle n'ont pas été stressants.

Selon vous, quelles solutions peut-on apporter aux inégalités entre femmes et hommes dans la vie professionnelle ?

Il faudrait peut-être arrêter de parler d'inégalités entre hommes et femmes, et laisser les femmes montrer ce qu'elles sont capables de faire ! La vraie question à se poser est « Pourquoi ne retrouve-t-on pas dans les entreprises quelques années plus tard, la même proportion de diplômés et diplômées que l'on trouve à la sortie des Universités et des Grandes écoles ? »

Que conseillez-vous aux femmes qui souhaitent évoluer dans l'entreprise ?

Les femmes qui souhaitent évoluer doivent comprendre qu'il n'est pas possible de tout faire parfaitement et qu'il faudra faire des choix difficiles.

* Insee : Institut national de la statistique et des études économiques
** PDG : présidente directrice générale
*** jeune fille au pair : jeune fille étrangère, qui vient en France pour apprendre la langue française en partageant la vie d'une famille. Elle garde les enfants quelques heures par semaine, elle est nourrie, logée et rémunérée.

Population en emploi selon le sexe et le secteur d'activité en 2008

France métropolitaine, personnes en emploi de 15 ans ou plus	Femmes (%)	Hommes (%)	Part des femmes (%)
Agriculture, sylviculture et pêche	1,9	4,1	29,3
Industrie	9,2	20,3	28,8
Construction	1,4	11,7	9,8
Tertiaire (commerce, éducation, santé, etc.)	87,2	63,7	55,1
Ensemble	100,0	100,0	47,2
Effectif (en milliers)	12 243	13 670	47,2

Source : Insee, enquêtes Emploi du 1er trimestre 2007 au 4e trimestre 2008

LES NOUVEAUX MÉTIERS DE SERVICES À LA PERSONNE

Les services à la personne sont l'ensemble des services qui permettent d'aider les personnes à leur domicile. Ils connaissent un développement très important, provoqué par des changements dans le mode de vie des Français :
- beaucoup de Français ont quitté la campagne pour la ville, et certains services ont disparu aujourd'hui des zones rurales* ;
- plus de 80 % des femmes ont une activité professionnelle aujourd'hui et ont besoin d'aide pour les tâches domestiques ;
- la durée totale du travail est de 42 ans, donc les travailleurs ne peuvent plus s'occuper autant de leurs propres parents ;
- la population vieillit en France. Aujourd'hui, une personne sur trois de plus de 80 ans continue de vivre à son domicile. 10 % de la population française a plus de 60 ans. En 2015, il y en aura 21 %. Il faut donc s'occuper de ces personnes âgées ;
- la France est en bonne position au niveau des naissances. Il manque des places dans les crèches et les familles doivent souvent trouver d'autres solutions pour faire garder leurs enfants en bas âge.

➡ Les différents services à la personne
On peut distinguer trois grands domaines de services :

les services à la famille : garde d'enfants, soutien scolaire, cours à domicile, assistance informatique et Internet, garde-malade, etc. ;

les services de la vie quotidienne : travaux ménagers, préparation de repas à domicile, livraison de repas ou de courses à domicile, petits travaux de jardinage, petit bricolage, gardiennage, entretien et surveillance temporaires des résidences principales et secondaires, etc. ;

les services aux personnes dépendantes : assistance aux personnes âgées, aux personnes handicapées, aide à la mobilité et transport, accompagnement dans les promenades et les actes de la vie courante, conduite du véhicule personnel, soins esthétiques à domicile, soins et promenade d'animaux domestiques, etc.

➡ Les chiffres du secteur

15,6 milliards d'euros de chiffre d'affaires en 2008

10 % de taux de croissance en 2008

2 millions de particuliers emploient des salariés à leur domicile

16 000 organismes de services à la personne

➡ Les chiffres des besoins
Environ **6 millions de ménages** français sont aujourd'hui demandeurs de services à la personne.
300 000 foyers sont à la recherche d'une solution de garde pour leur enfant.
200 000 emplois au noir** évalués en France pour les seuls services d'entretien de la maison à destination des particuliers (étude de la Commission européenne).

Avec 2 heures de services par semaine dans chaque ménage français, on pourrait créer un million d'emplois !

* Zones rurales : la campagne
** Au noir : travail illégal, non déclaré

Domaine professionnel

QUIZ 1. Le télétravail

		VRAI	FAUX
1	Il y a plus de télétravailleurs en France qu'aux États-Unis.		✓
2	Le télétravail est un choix du salarié.	✓	
3	L'employeur peut contacter le salarié à tout moment.		✓
4	Le télétravailleur a souvent besoin de déménager.		✓
5	L'employeur ne sait pas combien de temps travaille exactement le télétravailleur.	✓	

QUIZ 2. Égalité professionnelle entre hommes et femmes ?

		VRAI	FAUX
1	47,2 % des femmes actives sont dirigeantes d'entreprise.		
2	Le salaire des hommes est de 33 % supérieur.		
3	Alice Roze continue de faire du sport.		
4	Alice Roze a arrêté de travailler deux fois.		
5	9,2 % des femmes travaillent dans le secteur de l'agriculture.		

QUIZ 3. Les nouveaux métiers de services à la personne

		VRAI	FAUX
1	De nombreux Français sont partis vivre à la campagne.		
2	1/3 des personnes de plus de 80 ans vivent chez elles.		
3	Il n'y a pas assez de places dans les crèches en France.		
4	Sortir le chien peut être un service à la personne.		
5	Un million de particuliers utilisent les services à la personne.		

DIPLÔME D'ÉTUDES EN LANGUE FRANÇAISE

DELF A2

Niveau A2 du Cadre européen commun de référence pour les langues

NATURE DES ÉPREUVES	DURÉE	NOTE SUR
1. Compréhension de l'oral Réponse à des questions de compréhension portant sur trois ou quatre courts documents enregistrés ayant trait à des situations de la vie quotidienne (deux écoutes). *Durée maximale des documents : 5 minutes*	25 minutes environ	/25
2. Compréhension des écrits Réponse à des questionnaires de compréhension portant sur trois ou quatre courts documents écrits ayant trait à des situations de la vie quotidienne.	30 minutes	/25
3. Production écrite Rédaction de deux brèves productions écrites (lettre amicale ou message) : • décrire un événement ou des expériences personnelles • écrire pour inviter, remercier, s'excuser, demander, informer, féliciter...	45 minutes	/25
4. Production orale Épreuve en trois parties : • entretien dirigé • monologue suivi • exercice en interaction	6 à 8 minutes *Préparation : 10 minutes*	/25

Seuil de réussite pour obtenir le diplôme : 50/100
Note minimale requise par épreuve : 5/25
Durée totale des épreuves collectives : 1 heure 40 minutes

NOTE TOTALE : /100

109

DOCUMENT RÉSERVÉ AU CANDIDAT - ÉPREUVES COLLECTIVES

1 Compréhension de l'oral

25 points

Vous allez entendre 4 enregistrements correspondant à 4 documents différents.

Pour chaque document, vous aurez :
– 30 secondes pour lire les questions ;
– une première écoute, puis 30 secondes de pause pour commencer à répondre aux questions ;
– une deuxième écoute, puis 30 secondes de pause pour compléter vos réponses.

Répondez aux questions en cochant (X) la bonne réponse, ou en écrivant l'information demandée.

EXERCICE 1

5 points

Vous entrez dans le métro parisien et vous entendez l'annonce suivante. Répondez aux questions.

❶ Que se passe-t-il dans le quartier de l'Assemblée Nationale ? *1 point*

☐ A ☐ B ☒ C

❷ Qui a demandé la fermeture de certaines stations de métro ? *1 point*

National de Police

❸ À quelle heure ces stations vont-elles rouvrir ? *1 point*

17 heure

❹ D'après le second message... *1 point*

☐ il y a des risques de vol. ☐ les bagages sont interdits. ☒ on a retrouvé un sac à main.

❺ Vous voyez quelque chose d'étrange dans le métro. À qui vous adressez-vous ? *1 point*

☒ A ☐ B ☐ C

DOCUMENT RÉSERVÉ AU CANDIDAT - ÉPREUVES COLLECTIVES

EXERCICE 2   6 points

Vous entendez ce message sur le répondeur de votre bureau. Répondez aux questions.

❶ Judith appelle pour...   *1 point*
   ❏ prendre de vos nouvelles.
   ❏ vous demander un service.
   ☒ vous proposer un rendez-vous.

❷ Qu'arrive-t-il à Judith ?   *1 point*
   le médecin

❸ À 11 heures, Judith a rendez-vous avec...   *1 point*
   ❏ vous.   ❏ le médecin.   ☒ le directeur.

❹ De quoi êtes-vous bien informé(e) ?   *1 point*

❺ Où sont rangés les documents pour la réunion ?   *1 point*

   ❏ A   ❏ B   ☒ C

❻ À quel numéro devez-vous rappeler Judith ?   *1 point*
   02 07 62 0C

EXERCICE 3   6 points

Vous écoutez la radio. Répondez aux questions.

❶ Vous écoutez...   *1 point*
   ❏ le bulletin météo.   ☒ une émission régionale.   ☒ les informations nationales.

❷ Quand le changement climatique va-t-il commencer ?   *1 point*

❸ Quel type de températures attend-on ?   *1 point*
   grand froid

DELF A2   111

DOCUMENT RÉSERVÉ AU CANDIDAT – ÉPREUVES COLLECTIVES

❹ Que vont donner certaines associations ? — *1 point*

....

❺ Dans quels lieux publics y aura-t-il des centres d'accueil d'urgence ? — *1 point*

☐ A ☒ B ☐ C

❻ Dans quel département sera-t-il dangereux d'utiliser sa voiture ? — *1 point*
  ☐ La Marne.
  ☒ La Charente.
  ☐ Le Puy-de-Dôme.

EXERCICE 4
8 points

Vous travaillez comme assistant de langue dans un lycée français. Vous entendez cette conversation entre deux de vos collègues. Répondez aux questions.

❶ En ce moment, Sarah travaille avec ses élèves sur… — *2 points*
  ☐ le roman.
  ☒ la poésie.
  ☐ le théâtre.

❷ Sarah propose à Emmanuel… — *2 points*
  ☒ de regarder une vidéo avec ses élèves.
  ☐ d'emmener sa classe voir un spectacle.
  ☐ d'organiser une pièce avec le groupe de théâtre.

❸ Quand « Le Malade imaginaire » est-il passé à la télévision ? — *2 points*
  semaine prochaine

❹ Où Emmanuel peut-il trouver des vidéos intéressantes pour sa classe ? — *2 points*
  à la bibliothèque du lycée

112 — DELF A2

DOCUMENT RÉSERVÉ AU CANDIDAT - ÉPREUVES COLLECTIVES

2. Compréhension des écrits

25 points

EXERCICE 1
5 points

Vous habitez Lyon. Vous regardez un annuaire des commerçants de la ville avec vos amis.

A

PHARMACIE ROCROIX
12, avenue Jean Jaurès
69004 - Lyon

Ouvert du lundi au samedi
de 9h00 à 20h00.

Médicaments, produits de beauté, homéopathie.

B

À l'AS de ♥ CŒUR

5, place Gambetta
69003 - Lyon

Ouvert tous les jours
de 8h00 à 19h00.

Bureau de tabac,
presse souvenirs.

C

Au marché aux fleurs

11, rue des Halles
69009 - Lyon

Fleurs coupées et compositions florales pour toute occasion spéciale. Plantes exotiques.

D

SOS Clés

Serrure cassée ? Porte bloquée ?
**Appelez-moi 7/7 et 24/24
au 06 88 96 34 15.**
Intervention rapide, efficace et bon marché !

E

Le roi de la coupe
CC La Part-Dieu – 2ᵉ étage
04 56 98 70 00
Coupes de cheveux, couleurs,
coiffures de fête.
Tony reçoit exclusivement sur rendez-vous.

Qui va pouvoir les aider ?
Écrivez dans le tableau la lettre qui correspond à la situation de chacun de vos amis.

Situation	Annonce
1. Frédéric a perdu les clés de son appartement.	D
2. Marianne veut être bien coiffée pour le mariage de sa cousine.	E
3. Hélène a très mal à la tête et se sent fatiguée.	A
4. Bruno veut acheter le journal local.	B
5. Hassan souhaite offrir un bouquet à sa fiancée.	C

DELF A2 — 113

DOCUMENT RÉSERVÉ AU CANDIDAT - ÉPREUVES COLLECTIVES

EXERCICE 2
6 points

Vous recevez ce message électronique. Répondez aux questions.

De : contact@france-billeterie.fr
Objet : **Match PSG-LILLE**

Madame, Monsieur,

Vous avez acheté des billets pour le match PSG-LILLE du 29 AOÛT à 19h00.
Attention : cet événement **CHANGE DE DATE ET D'HORAIRE**.

Le match aura lieu le 30 AOÛT à 17h00.

Vos billets **RESTENT VALABLES POUR LA NOUVELLE DATE**.

Vous ne pouvez pas venir à la nouvelle date ? Vous pouvez être remboursé(e) :
• **Vous avez acheté vos billets dans un magasin :**
Le magasin vous remboursera directement sur présentation des billets.
• **Vous avez commandé vos billets par correspondance :**
Envoyez-nous vos billets, votre facture et vos coordonnées postales avant le **25 AOÛT** à l'adresse suivante : **FRANCE BILLETTERIE 93538 SAINT-DENIS CEDEX**.

Nous vous remercions de votre compréhension.
Cordialement,

SERVICE CLIENTS – FRANCE BILLETTERIE

---

❶ Ce message est... *1 point*

❏ une offre promotionnelle.

❏ une confirmation de paiement.

☒ une information sur votre commande.

❷ À quelle date devez-vous finalement aller au stade ? *1,5 point*

le 30 Août

❸ Pour aller voir le match, que devez-vous faire ? *1 point*

☒ Utiliser les places achetées.   ❏ Échanger vos billets actuels.   ❏ Acheter de nouveaux tickets.

❹ Pour un remboursement, que vous demandera le magasin ? *1,5 point*

présentation des billets que vous avez

❺ Vous avez acheté vos places par correspondance. Vous indiquez au service clients votre... *1 point*

☒ adresse.

❏ numéro de téléphone.

❏ référence de compte bancaire.

---

114   DELF A2

DOCUMENT RÉSERVÉ AU CANDIDAT - ÉPREUVES COLLECTIVES

EXERCICE 3   6 points

Vous lisez ce document sur votre lieu de travail.

 Les secours en quatre étapes

En cas d'accident, avec des gestes simples et utiles, nous pouvons tous aider à sauver des vies :

❶ Sécuriser le lieu de l'accident
Vérifiez qu'il n'y a pas d'autres risques (circulation, incendie, électricité…) près de l'accident et laisser de l'espace autour du blessé pour les secours.

❷ Aller voir la victime
Présentez-vous à la personne accidentée et dites-lui que vous allez vous occuper d'elle.
Observez aussi sa condition physique (respiration, blessures…).
Ne la déplacez pas, ne lui donnez pas à boire et faites-la parler.

❸ Demander de l'aide
Appelez les services d'urgence :
☞ le 18 : les pompiers (accident, incendie…)
☞ le 15 : le SAMU (service d'aide médicale urgente)
☞ le 17 : la police (problème de sécurité ou d'ordre public)

❹ Faire les gestes des premiers secours
Vous connaissez les « gestes qui sauvent » ? Effectuez-les dans le calme dans l'attente des secours.

Répondez aux questions.

❶ Que pouvons-nous faire pour sauver des vies ?   1,5 point

Nous appelons le 18, 15 ou 17

❷ Vous êtes avec la victime. Vous devez contrôler…   1 point

☐ son âge.   ☐ son identité.   ☒ son état de santé.

❸ Que devez-vous faire avec la personne blessée ?   1 point

☐ La transporter.   ☒ Discuter avec elle.   ☐ Lui donner de l'eau.

❹ La personne accidentée s'est gravement coupée. D'après le document, quel service d'urgence devez-vous appeler ?   1 point

☐ A   ☒ B   ☐ C

❺ Que devez-vous pratiquer calmement ?   1,5 point

Effectuer les dans le calme dans l'attente de secours

DELF A2

DOCUMENT RÉSERVÉ AU CANDIDAT - ÉPREUVES COLLECTIVES

EXERCICE 4

8 points

Vous êtes en voyage en Alsace et vous lisez cette brochure touristique.

> **Depuis 1570, Strasbourg organise autour de sa cathédrale son marché de Noël, célèbre dans toute l'Europe !**
>
> Le marché de Noël de Strasbourg permet de faire une promenade exceptionnelle et magique au cœur du centre historique : spectacles et contes de Noël au village des enfants ; concerts, animations et expositions dans les petites rues et sur les places du centre-ville.
>
> Prenez le temps de découvrir les lumières de la ville et les superbes décorations de Noël des maisons anciennes ! Visitez le marché artisanal autour de la cathédrale et achetez de magnifiques cadeaux ! Si vous avez froid ou faim pendant votre promenade, vous trouverez toujours un endroit pour boire un verre de vin chaud ou manger un bretzel. Et avant de partir, n'oubliez pas de visiter le « marché des saveurs alsaciennes » ! Les producteurs locaux vous y feront goûter les meilleures spécialités culinaires régionales : foie gras, vin, et surtout les « bredle », petits gâteaux traditionnels aux jolies formes d'étoiles ou de cœurs, faits spécialement pour Noël !
>
> Le marché de Noël de Strasbourg est ouvert tous les jours de la fin novembre au 31 décembre.

Répondez aux questions.

❶ Vrai ou faux ? Cochez la case correspondante et recopiez la phrase ou la partie du texte qui justifie votre réponse. *1,5 point*

Le marché de Noël de Strasbourg est une tradition ancienne. ☒ Vrai ☐ Faux

Justification : *depuis 1570. Strasbourg organise autour de sa cathé- son marché de n*

❷ Grâce au marché de Noël, quel quartier de Strasbourg pourrez-vous visiter ? *1,5 point*

le centre-ville

❸ Au village des enfants, les petits pourront... *1 point*

☐ goûter de bons gâteaux. ☐ voir de belles expositions. ☒ écouter de jolies histoires.

❹ Pendant votre visite de la ville, vous pourrez voir... *1 point*

☒ A   ☐ B   ☐ C

❺ Où devez-vous aller pour découvrir des plats régionaux ? *1,5 point*

Le marché des saveurs alsaciennes

❻ Vrai ou faux ? Cochez la case correspondante et recopiez la phrase ou la partie du texte qui justifie votre réponse. *1,5 point*

Le marché de Noël de Strasbourg ouvre tous les mois de novembre et décembre. ☐ Vrai ☒ Faux

Justification : *Le marché de noel de Strasbourg est ouvert tous les jours de la fin novembre au 31 décembre*

DOCUMENT RÉSERVÉ AU CANDIDAT - ÉPREUVES COLLECTIVES

Production écrite

25 points

EXERCICE 1

13 points

Vous regardez Internet et vous arrivez sur cette page.

Il y a des jours où tout va mal !
Panne, grève, mauvais temps, circulation bloquée...
Vous aussi, vous avez sûrement vécu une fois une journée terrible !
Racontez-la sur notre site Internet !

Vous décidez de raconter sur ce site Internet une très mauvaise journée. Vous dites ce qui s'est passé et vous donnez vos impressions. **(60 à 80 mots)**

Nombre de mots : ....

EXERCICE 2

12 points

Vous recevez cette invitation pour un anniversaire.

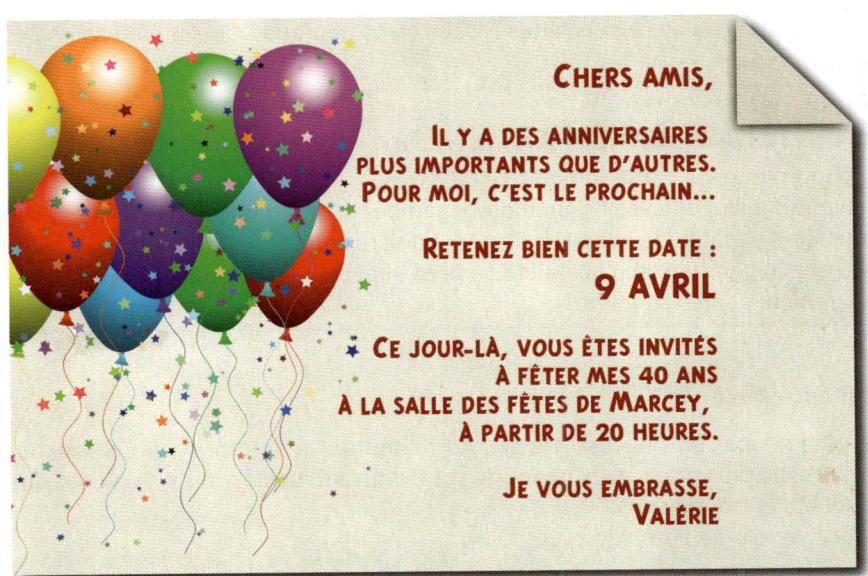

Chers amis,

Il y a des anniversaires plus importants que d'autres. Pour moi, c'est le prochain...

Retenez bien cette date :
9 AVRIL

Ce jour-là, vous êtes invités à fêter mes 40 ans à la salle des fêtes de Marcey, à partir de 20 heures.

Je vous embrasse,
Valérie

Vous répondez à Valérie. Vous la remerciez et vous acceptez son invitation. Vous vous renseignez sur les moyens de transports pour aller à Marcey et vous lui demandez ce que vous pouvez apporter à la fête. **(60 à 80 mots)**

Nombre de mots : ....

DELF A2

DOCUMENT RÉSERVÉ AU CANDIDAT - ÉPREUVE INDIVIDUELLE

Production orale

25 points

10 minutes de préparation

6 à 8 minutes de passation

Cette épreuve d'expression orale comporte 3 parties.
Elle dure de 6 à 8 minutes.
La première partie se déroule sans préparation.
Après tirage au sort des sujets des parties 2 et 3, vous avez 10 minutes de préparation.

1 ENTRETIEN DIRIGÉ (1ʳᵉ PARTIE) - *1 minute environ*

Après avoir salué votre examinateur, vous vous présentez (parlez de vous, de votre famille, de vos amis, de vos études, de vos goûts, des animaux que vous aimez, etc.).
L'examinateur vous posera des questions complémentaires.

2 MONOLOGUE SUIVI (2ᵉ PARTIE) - *2 minutes environ*

Vous tirez au sort deux sujets et vous en choisissez un.
Vous vous exprimez sur le sujet.
L'examinateur peut ensuite vous poser des questions complémentaires.

▶ SUJET 1

Une personne très connue

Parlez d'une personne célèbre (acteur, sportif, homme politique, chanteur...).
Dites ce qu'elle a fait et pourquoi vous l'aimez.

▶ SUJET 2

Vos études

Quelles études faites-vous ou avez-vous faites ? Dites où et pourquoi. Quelle profession peut-on faire après ces études ?

3 EXERCICE EN INTERACTION (3ᵉ PARTIE) - *3 à 4 minutes environ*

Deux sujets au choix proposés par l'examinateur.
Vous devez simuler un dialogue avec l'examinateur afin de résoudre une situation de la vie quotidienne. Vous montrez que vous êtes capable de saluer et d'utiliser des règles de politesse.
Dans certains sujets, le genre masculin est utilisé pour alléger le texte. Vous pouvez naturellement adapter la situation en adoptant le genre féminin.

▶ SUJET 1

Au restaurant d'entreprise

Vous venez de commencer un nouveau travail. Au restaurant d'entreprise, vous rencontrez un employé francophone : vous vous présentez, vous parlez de votre nouveau poste, puis vous posez quelques questions à l'employé sur lui et l'entreprise.
L'examinateur joue le rôle de l'employé.

▶ SUJET 2

Votre quartier

Un ami francophone cherche un nouveau logement dans votre ville. Vous lui parlez de votre quartier et lui présentez ses points positifs (situation, commerces, écoles, sorties possibles, calme...).
L'examinateur joue le rôle de l'ami.

Transcriptions

ÉPREUVE BLANCHE

1 Compréhension de l'oral

Ministère de l'Éducation nationale, Centre international d'Études pédagogiques.
DELF niveau A2 du *Cadre européen commun de référence pour les langues*, épreuve orale collective.
Vous allez entendre 4 enregistrements, correspondant à 4 documents différents.
Pour chaque document, vous aurez :
- 30 secondes pour lire les questions ;
- une première écoute, puis 30 secondes de pause pour commencer à répondre aux questions ;
- une seconde écoute, puis 30 secondes de pause pour compléter vos réponses.
Répondez aux questions en cochant la bonne réponse ou en écrivant l'information demandée.

Exercice 1 - page 110 / piste 32
Lisez les questions, écoutez le document, puis répondez.

Première écoute :

« Mesdames, messieurs, votre attention, s'il vous plaît. En raison d'une manifestation sur la voie publique, la préfecture de police a décidé de fermer les stations Assemblée Nationale, Solférino et Sèvres-Babylone jusqu'à 17 heures. Veuillez nous excuser pour la gêne occasionnée. » « Attention à vos poches et à vos sacs à main : on a signalé des vols dans la station. Merci d'informer nos agents de tout comportement anormal. »

Deuxième écoute

Exercice 2 - page 111 / piste 33
Lisez les questions, écoutez le document, puis répondez.

Première écoute :

« Allô, c'est Judith. J'ai besoin de ton aide. Voilà, il est 7h45, je suis malade et le médecin va bientôt arriver. J'ai une réunion très importante à 11 heures avec le directeur. Tu pourrais aller à cette réunion à ma place, s'il te plaît ? Tu connais bien le dossier et tous les documents importants sont sur mon bureau, dans une grande enveloppe blanche. Appelle-moi au 02 86 97 42 06 pour me donner ta réponse. Merci, à plus tard. »

Deuxième écoute

Exercice 3 - page 111 / piste 34
Lisez les questions, écoutez le document, puis répondez.

Première écoute :

« Et pour commencer ce journal, nous revenons sur cette information importante que viennent d'annoncer nos collègues du service météo : attention au froid qui va arriver cette nuit en France. On annonce des températures négatives dans presque tout le pays. Le plan « grand froid » commence ce soir dans le Nord, la Marne, ainsi qu'en Charente : des associations vont distribuer des vêtements chauds aux personnes sans logement ; certaines villes ont aussi ouvert des centres d'accueil d'urgence dans des salles des fêtes ou des gymnases. Dans le Puy-de-Dôme, il va beaucoup geler : les déplacements en voiture seront dangereux ; ne sortez pas inutilement ! ».

Deuxième écoute

Exercice 4 - page 112 / piste 35
Lisez les questions, écoutez le document, puis répondez.

Première écoute :

Emmanuel : Bonjour Sarah !
Sarah : Bonjour Emmanuel !
E : Tu étudies quoi avec tes classes de seconde en ce moment ?
S : Je finis la poésie, et je pense commencer le roman dans deux semaines. Et toi ?
E : Moi, je suis en train d'étudier le théâtre avec mes élèves et j'ai préparé tout un dossier sur une pièce de Molière, *Le Malade imaginaire*. Je voulais les emmener voir la pièce mais on n'a pas eu les autorisations.
S : Dommage… Mais il y a d'autres solutions : cette pièce passe parfois à la télévision, tu peux travailler avec une vidéo, les salles de classe sont bien équipées.
E : Je sais bien, mais c'est justement ça le problème : j'ai oublié d'enregistrer la pièce la semaine dernière quand elle est passée à la télé !
S : Ne t'inquiète pas ! Moi j'ai enregistré *Le Malade imaginaire*, mais de toute façon, il y a une belle collection de vidéos de pièces de théâtre à la bibliothèque du lycée !

Deuxième écoute

L'épreuve de *Compréhension de l'oral* est terminée. Passez maintenant à l'épreuve de *Compréhension des écrits*.

Corrigés

COMPRÉHENSION DE L'ORAL

Activité 1 - page 10

Annonce	Numéro du train	Voie de départ	Heure de départ
1	492	D	12 h 16
2	38041	G	18 h 12
3	3547	K	14 h 55
4	8474	C	9 h 38
5	20369	B	15 h 50

Activité 2 - page 10

Relation	Amicale	Familiale	Professionnelle	Administrative	Commerciale
Extrait n° 1					X
Extrait n° 2				X	
Extrait n° 3		X			
Extrait n° 4	X				
Extrait n° 5					X

Activité 3 - page 11

Lieu	N° de l'annonce	Mots-clés
Gare	0	Le TGV / gare / voie A
Musée	4	Le musée / visite
Aéroport	2	Vol
Supermarché	3	Votre supermarché (Extra)
Station de métro	1	Métros / ligne (6)
Parc d'attraction	5	Parc

Activité 4 - page 12

Jeu : **Extrait n° 3** • Météo : **n° 4** • Publicité : **n° 1** • Interview : **n° 2** • Reportage : **n° 5**

Activité 5 - page 12

Sport : **Extrait n° 3** • Culture : **n° 6** • Économie : **n° 1** • Santé : **n° 2** • Politique : **n° 4** • Technologie : **n° 5**

Activité 6 - page 12

Demander un rendez-vous : **Extrait n° 2** • Féliciter : **n° 5** • S'excuser : **n° 4** • Inviter : **n° 3** • Remercier : **n° 1**

Activité 7 - page 13

1. (AG) 525 • 2. En retard • 3. 15

Activité 8 - page 13

1. Commencer à partir • 2. 20 h 30 • 3. Lundi

Activité 9 - page 14

1. 10 % • 2. B • 3. Demain / le lendemain / le jour d'après • 4. À l'accueil du magasin • 5. A

Activité 10 - page 15

1. A • 2. 4 et 5 • 3. De lunettes (spéciales) • 4. 20 heures • 5. A

Activité 11 - page 16

1. Proposer un emploi • 2. A • 3. Lundi • 4. 06 40 22 37 86

Activité 12 - page 16

1. 14 heures • 2. Revient de voyage • 3. A • 4. Boire un café

Activité 13 - page 17

1. Un rendez-vous • 2. Au Salon du commerce • 3. Demain / le lendemain • 4. Préparer les affaires • 5. 9 h 30 • 6. C

Activité 14 - page 18

1. Salon du chocolat • 2. 15 ans • 3. 2 millions • 4. Plusieurs réponses possibles : - démonstrations de grands chefs - expositions - danses folkloriques des pays du chocolat - conférences qui racontent tous les secrets du cacao. • 5. Égypte • 6. A

Activité 15 - page 18

1. Un reportage • 2. Des publicités • 3. C • 4. D'une marque • 5. De 70 à 500 euros • 6. Donner votre opinion

Activité 16 - page 19

1. A • 2. Écologique • 3. (près de) 400 personnes • 4. Au mois de mai • 5. Aller sur Internet

Activité 17 - page 20

1. Le stage professionnel • 2. Avec des entreprises (japonaises) • 3. À l'université • 4. CV et lettre de motivation

Activité 18 - page 20

1. Occupée • 2. La peur • 3. Le mois prochain • 4. Chez elle

Activité 19 - page 20

1. Anglais et économie • 2. École de commerce • 3. Partir vivre en Chine • 4. Il veut vivre seul

Vers l'épreuve

Exercice 1 - page 21
1. Une panne d'électricité • 2. Est indisponible actuellement • 3. Descendre du métro • 4. C • 5. B

Exercice 2 - page 22
1. La conseillère (du Pôle emploi) • 2. Une formation • 3. Dans deux semaines • 4. A • 5. De confiance • 6. 03 88 96 74 27

Exercice 3 - page 22
1. la météo • 2. la Bretagne • 3. A • 4. faire du bateau • 5. 17 degrés • 6. de rester sur la plage

Exercice 4 - page 23
1. De la boxe • 2. De faire une activité sportive • 3. De l'accompagner à son cours • 4. À 19 heures

COMPRÉHENSION DES ÉCRITS

Activité 1 - page 32
a. Programme n° 3 • b. n° 2 • c. n° 4 • d. n° 1 • e. n° 5

Activité 2 - page 33
a. Annonce n° 1 • b. n° 4 • c. n° 2 • d. n° 3 • e. n° 5

Activité 3 - page 34
a. Plat choisi 5 • b. 3 • c. 4 • d. 1 • e. 2

Activité 4 - page 35
1. Une confirmation de voyage • 2. Attendre chez vous • 3. Sur Internet • 4. Une étiquette avec nom, prénom, adresse

Activité 5 - page 36
1. Toulouse • 2. - Beaucoup de charmantes petites maisons - des toits roses • 3. A beaucoup travaillé • 4. À cause du stress • 5. Il va manquer votre fête

Activité 6 - page 37
1. C'est une région magnifique • 2. Des monuments anciens • 3. Culturelle • 4. Des spécialités gastronomiques régionales • 5. Retourner dans le Périgord

Activité 7 - page 38
1. A • 2. 10 euros • 3. Dans les magasins partenaires • 4. Par la Poste

Activité 8 - page 39
1. Pour l'adapter à chaque nouvel employeur. • 2. Indiquer vos coordonnées. • 3. Présenter seulement vos compétences principales. • 4. Vos résultats

Activité 9 - page 40
1. A • 2. Les points forts • 3. Maintenant • 4. Veut avoir plus d'informations sur ce candidat. • 5. Un entretien

Activité 10 - page 41
1. Ses parents sont des chanteurs connus. • 2. C • 3. Faux : « À cette époque, il obtient son bac scientifique avec mention très bien ». • 4. Vrai : « Il s'illustre au cinéma d'abord, où il joue dans plusieurs films ». • 5. Il chante.

Activité 11 - page 42
1. Personnelle • 2. Pour se sentir utile • 3. Vrai : « dans la caserne de Vanessa un pompier sur 6 est une femme ». • 4. Faux : « Toutes les trois semaines nous sommes obligés de travailler… » • 5. Aux défilés officiels. • 6. Reconnaît son courage

Activité 12 - page 43
1. Aquitaine • 2. Faux : « Tous les centres de formation de Bergerac auront aussi accès à ces moyens techniques. » • 3. L'arrivée de nouveaux employeurs. • 4. Faux : « L'enseignement est organisé par l'université de Bordeaux. » • 5. Sa situation géographique. • 6. 250.

Vers l'épreuve

Exercice 1 - page 45
a. 4 • b. 3 • c. 2 • d. 5 • e. 1

Exercice 2 - page 46
1. Personnel • 2. À la mairie • 3. Un cocktail • 4. Confirmer votre présence • 5. Poitiers

Exercice 3 - page 47
1. Pour des raisons de sécurité. • 2. A • 3. Demander une autorisation écrite. • 4. Des produits dangereux / chimiques / toxiques. • 5. Faire des contrôles de sécurité.

Exercice 4 - page 48
1. Faux : « Yann Marty vit dans une yourte en France. » • 2. Vrai : « J'ai décidé d'habiter de cette manière en 2000. Je travaillais à Rennes dans la photographie. » • 3. Il est tombé malade / la maladie. • 4. Personnelles • 5. Par Internet • 6. Ils ont peu d'argent.

PRODUCTION ÉCRITE

Activité 1 - page 53
Vous <u>avez gagné</u> un <u>voyage en France</u> grâce à un <u>magazine francophone</u>. À votre retour, vous écrivez un <u>court article</u> pour ce magazine : vous <u>racontez vos vacances (lieux visités, activités, temps</u>, etc.) et vous <u>donnez vos impressions</u> sur votre voyage. (<u>60 à 80 mots</u>)

121

- **Format du texte :** article (court), le texte doit être formel et clair.
- **Longueur attendue :** 60 à 80 mots.
- **Destinataire du texte :** un magazine francophone.
- **Registre de langue attendu :** standard.
- **Actes de parole : 1)** Vos vacances en France : il s'agit d'un récit : vous devez donc raconter ce que vous avez fait. Vous devez parler à la fois des endroits que vous avez visités, des activités que vous avez faites et de la météo pendant vos vacances. **2)** Vos impressions : vous devez dire quels sentiments vous avez eus pendant vos vacances, pourquoi vous avez aimé (ou pas) certaines de vos activités ; vous devez utiliser le vocabulaire des émotions (adjectifs, verbes, expressions, etc.)
- **Lexique à utiliser :** vocabulaire des vacances et des voyages ; sentiments et impressions.
- **Temps à employer :** vous êtes rentré(e) de voyage ; vous devrez donc utiliser les temps du passé (passé composé, imparfait) pour parler de vos vacances.

Activité 2 - page 54
33 mots

Activité 3 - page 54
Voici quelques propositions de réponse pour chaque thème. D'autres réponses sont possibles ! Les expressions suivantes peuvent également être utilisées avec « vous ».
- **Refuser une invitation :** Je suis désolé(e), mais je ne pourrai pas venir. / Je ne peux malheureusement pas accepter ton invitation, etc.
- **Remercier :** Merci beaucoup ! Ton cadeau (ta lettre) m'a fait très plaisir. / Je te remercie de… / Mille mercis pour… / Un grand merci pour ton cadeau, etc.
- **Prendre des nouvelles de quelqu'un :** Comment vas-tu ? Comment ça va ? / J'espère que tu vas bien. / Ça va mieux depuis la dernière fois ? Etc.
- **Découvrir les loisirs de quelqu'un :** Qu'est-ce que tu aimes faire pendant ton temps libre ? / Tu aimes aller au théâtre, jouer au golf,… ?
- **Découvrir les projets de vacances de quelqu'un :** Qu'est-ce que tu fais l'été prochain pour les vacances ? / As-tu des projets pour tes prochaines vacances ? / Tu pars où en vacances, l'année prochaine ? Etc.
- **S'informer sur quelque chose :** Quel est le prix du cadeau, du voyage,… ? / Peux-tu me dire combien de personnes…, qui…, à quelle heure…, où…? / Comment est-ce que je peux venir ? / J'aimerais savoir quand…, où…, quel(le)… ? Etc.
- **Dire pourquoi une chose vous a plu ou déplu :** J'ai adoré ce voyage parce que j'ai découvert des paysages magnifiques / Je n'ai pas aimé ce restaurant car c'était très cher, etc.

Activité 4 - page 55
Impressions négatives : Nul – mauvais – déçu – triste – désagréable – laid – raté – difficile. On pourrait ajouter : horrible, grave, etc.
Impressions positives : Génial – magnifique – excellent – formidable – fantastique – extraordinaire – joli – délicieux – agréable – drôle. On pourrait ajouter : beau, content, etc.

Activités 5 et 6 : pas de corrigé type.

Activité 7 - page 57
Je vais vous parler de Vanessa Paradis **car** je l'aime beaucoup. C'est une grande actrice **qui** est belle et **qui** joue très bien. Mon film préféré avec elle, c'est une comédie sentimentale : *L'Arnacœur*, **que** j'ai déjà vu deux fois **parce que** j'adore les comédies romantiques ! **En plus**, le film est léger et amusant **et** l'autre acteur, Romain Duris, est excellent. Vanessa Paradis est **aussi** chanteuse, **mais** je n'aime pas quand elle chante **car** je ne trouve pas sa voix agréable. Je préfère son ancien compagnon : le chanteur Lenny Kravitz ! **Maintenant**, elle vit avec un homme parfait, un acteur magnifique lui aussi : Johnny Depp ! **En conclusion**, elle a beaucoup de chance, Vanessa Paradis !

Activité 8 : pas de corrigé type.

Activité 9 - page 59
- **Respect de la consigne :** La candidate écrit bien un message pour ses amis français (« Salut les amis ! ») afin de leur raconter son séjour (« Je reviens de Saint-Malo, où j'étais en stage. »). La longueur minimale est respectée : il y a 84 mots.
- **Capacité à raconter et à décrire :** La candidate raconte son séjour. Elle indique qu'elle était à Saint-Malo, elle décrit le temps ainsi que la ville « Il a fait très beau », « C'est au bord de la mer ». Elle raconte plusieurs activités différentes : « je me suis baignée », « on a beaucoup travaillé », « le soir on est allés dîner avec les autres stagiaires » (elle indique même le lieu : « dans des restaurants de fruits de mer »).
- **Capacité à donner ses impressions :** La candidate donne ses impressions très souvent sur les différentes activités pratiquées. Quand elle parle de son séjour, elle écrit « c'était super ! » et « Bref, j'ai adoré mon séjour ». Quand elle parle de St-Malo, elle dit que « la ville est magnifique ! ». Même si elle s'est baignée, elle précise que « l'eau était vraiment froide. » Au sujet du travail, elle précise que « la formatrice était sympathique » et que « l'ambiance était bonne ».
- **Lexique/orthographe lexicale :** Le lexique est adapté et varié, avec des mots précis en rapport avec la situation décrite. Aucune répétition. L'orthographe est correcte. Elle utilise beaucoup de verbes différents : « je reviens », « j'étais », « il a fait », « je me suis baignée », « on a beaucoup travaillé », « on est allés dîner », « j'ai adoré ». Elle utilise aussi beaucoup d'adjectifs : « super », « beau », « magnifique », « froide », « sympathique », « bonne ».
- **Morphosyntaxe/orthographe grammaticale :** Les temps sont bien employés : présent pour parler du moment où le candidat écrit (« je reviens de St-Malo »), imparfait pour décrire des situations (« j'étais en stage », « l'eau était vraiment froide », etc.) et passé composé pour raconter ses activités (« je me suis baignée », « on a beaucoup travaillé », etc.). Les accords sont tous corrects.

- **Cohérence et cohésion :** Le texte est logique, les mots de liaison (« où », « mais », « et », « bref ») et la ponctuation sont bien utilisés.

Activités 10 et 11 : pas de corrigé type.

Activité 12 - page 61

Colmar, le 5 avril 2010

Cher Monsieur,

Le service des ressources humaines m'a transmis votre CV. Votre profil est très intéressant, c'est pourquoi je souhaiterais vous rencontrer prochainement.

Seriez-vous libre le 13 avril prochain à 15 heures pour un entretien ? Je vous remercie d'avance de bien vouloir confirmer votre présence à ma secrétaire au 03 88 63 01 74.

Sincères salutations,

Jean-Luc Limoges

Activité 13 - page 62

Langage standard

Bonjour, comment allez-vous ? • Je vous remercie beaucoup de votre message. • Pourriez-vous m'indiquer à quelle heure a lieu le rendez-vous ? • Je me permets de vous contacter pour savoir si vous seriez disponible jeudi. • Je vous félicite pour cette excellente nouvelle. • Nous ne pourrons malheureusement pas nous rendre à votre mariage. • Où a lieu votre fête d'anniversaire ? • Que peut-on apporter ?

Langage familier

Salut comment ça va ? • Merci pour ton message. • On se retrouve à quelle heure ? • Je t'écris pour savoir si tu es libre jeudi. • Bravo, c'est génial ! • Désolé, je ne pourrai pas venir à votre mariage. • C'est où ta fête d'anniversaire ? • J'apporte quoi ?

Activité 14 - page 62

Propositions de réponses :

Travail : J'ai beaucoup de travail en ce moment et je ne pourrai pas être disponible. / Je serai en voyage d'affaires à ce moment-là. • **Argent :** Malheureusement, je n'ai pas de travail en ce moment et je ne peux pas acheter de billet d'avion pour aller te voir. / Je n'ai pas les moyens de te rendre visite. • **Enfants :** Je ne peux pas me déplacer avec mes enfants et personne ne peut les garder. / Mes enfants sont trop petits pour voyager avec moi. • **Santé :** Je ne vais pas très bien en ce moment. / Je suis (ma femme / mon père... est) malade. / On m'a opéré le mois dernier et je ne peux pas voyager pour l'instant. • **Autre activité prévue :** Je pars en vacances ce jour-là. / Je suis invité(e) à un mariage (une fête) et j'ai déjà accepté l'invitation. / J'ai un rendez-vous important et je ne peux pas l'annuler...

Activité 15 - page 64

- Paty a bien écrit une lettre, en 80 mots, pour annoncer son mariage (respect de la consigne).
- Paty écrit bien à un ami (elle utilise « tu »), elle a respecté les formules d'appel (« Cher Jean-François ») et de congé (« Bises »). Elle a signé sa lettre (correction sociolinguistique).
- Paty remercie son ami, lui annonce son mariage et donne la date et la ville de la cérémonie. Elle donne aussi des informations sur la fête (dîner et soirée dansante dans un hôtel, beaucoup d'invités) et y invite son ami. Le contrat pour la capacité à interagir est donc rempli.
- Le lexique est adapté, avec des mots précis pour parler de l'événement : « se marier », « mariage », « fête », « réserver », « invités », « hôtel », « dîner », « danser ».
- Les temps sont bien employés : futur proche et futur simple pour parler du mariage, passé composé pour raconter ce qui a déjà été fait (réservation de la salle), impératif pour l'invitation. Les accords sont corrects.
- Le texte est logique, les mots de liaison (« après », « alors », « car ») sont bien utilisés.

Observez dans le schéma ci-dessous les principaux éléments en couleur et la place des différentes parties de la lettre.

Vous répondez à Jean-François : vous le remerciez de sa carte et vous lui annoncez que vous allez bientôt vous marier. Vous invitez votre ami à l'événement et vous lui donnez quelques informations sur la fête (lieu, date, déroulement, etc.). (60 à 80 mots)

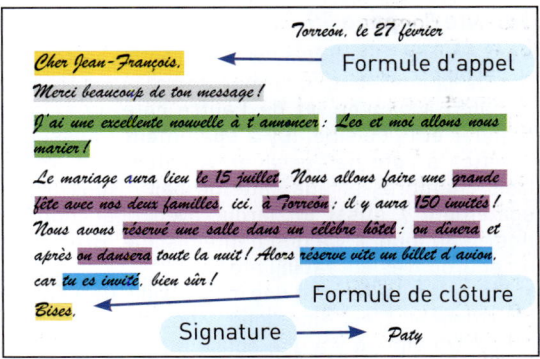

Activité 16 : pas de corrigé type.

Activité 17 - page 65

Attention : la mise en contexte indique que vous ne connaissez pas le destinataire du message. Vous devrez donc lui dire « vous » et ne pas utiliser d'expressions familières comme « bises », « salut » ou « coucou ». Vérifiez bien le respect des codes sociaux dans vos écrits.

Vers l'épreuve : pas de corrigé type.

123

PRODUCTION ORALE

Activité 1 - page 74
2. Je suis ingénieur du son • 3. Je suis mariée et j'ai 3 enfants • 4. Je suis coréenne • 5. Le week-end, quand il fait beau, je vais à la piscine avec mes enfants • 6. Je suis un grand fan de musique pop rock • 7. Au revoir et merci.

Activité 5 - page 75
Cette candidate obtient **le maximum des points** dans cette partie car, comme attendu dans la grille d'évaluation, **elle établit un contact social** en saluant et en remerciant à la fin de l'entretien (« Bonjour, je vais me présenter. » / « Merci beaucoup. »). **Elle se présente toute seule en quelques phrases** pour commencer (elle dit son nom, son âge, sa nationalité, son adresse, elle parle aussi de sa situation familiale, de son travail). Ensuite, **elle répond sans difficulté** aux questions simples de l'examinateur. Elle est parfaitement capable de gérer cet échange.
Au niveau du vocabulaire, elle utilise correctement des mots adaptés à la situation. Ils sont variés, il n'y a pas de répétition. **Concernant la grammaire**, les phrases sont bien construites et les temps bien utilisés (elle utilise par exemple le présent pour parler des activités qu'elle fait, le passé pour parler des « boulots » qu'elle a faits en France, et le conditionnel « j'aimerais » pour le travail qu'elle aimerait trouver). Enfin, **elle s'exprime de façon suffisamment claire** pour être bien comprise par l'examinateur.

Activité 9 - page 79
• Ma maison : J'habite dans une grande maison. **Au rez-de-chaussée**, quand vous entrez, vous trouvez le salon **à gauche**, et **de l'autre côté**, la salle à manger et la cuisine. Il y a **également / aussi** des toilettes **à côté** de l'escalier. **À l'étage**, on trouve trois chambres et une salle de bain. Nous avons **également / aussi** un jardin avec beaucoup de fleurs. Au fond, il y a une petite piscine. **Bref**, c'est un endroit très agréable l'été !
• Ma ville : Je viens d'une petite ville **de l'Est** de l'Allemagne. C'est une jolie ville, très agréable. **Au centre-ville**, il y a une église magnifique et une université très ancienne. J'aime cette ville **car / parce qu'**elle est bien située, **donc / alors** on peut voyager facilement en train ou en voiture par l'autoroute. **Mais** il y a aussi des points négatifs : la ville est petite, **donc / alors** on n'a pas beaucoup d'activités à faire.
• Un métier que j'aime beaucoup : J'ai choisi de parler du métier de vétérinaire, **car / parce que** cette profession me plaît beaucoup : être au contact avec les animaux **tous les jours**, c'est génial ! **En effet**, j'adore les animaux ! **Malheureusement**, je ne peux pas exercer ce métier car je suis allergique aux animaux et c'est vraiment dommage...
• Mon professeur préféré : Mon professeur préféré s'appelle Mme Prado. C'était mon professeur d'espagnol **quand** j'étais au lycée. Elle était jeune, pas très grande, blonde et mince. Elle était très dynamique, sportive et avait beaucoup de projets. **Chaque année**, elle organisait un voyage, alors on voulait tous partir avec elle ! Je ne l'ai pas vue **depuis plusieurs années**, mais j'aimerais beaucoup la revoir pour lui dire ce que je fais **aujourd'hui**.

Activité 10 - page 80
Je dis ce que je pense de mon quartier
Je situe le quartier dans la ville
Je présente le quartier
Je donne un exemple de quelque chose de particulier dans mon quartier
Je décris les gens que je connais et les relations que j'ai avec eux
Je décris ce que je préfère dans mon quartier
Je décris les activités et les loisirs que j'ai dans mon quartier

J'adore mon quartier. Il s'appelle le Barrio del Pilar et il est situé dans le Nord de Madrid. C'est le quartier le plus peuplé d'Europe par rapport à sa taille. C'est un quartier très vivant et très animé, où il y a beaucoup de commerces et aussi le plus ancien centre commercial de Madrid, qui s'appelle La Vaguada. Il fait plusieurs étages, c'est immense ! C'est comme une ville dans la ville ! En plus, je connais bien les commerçants à côté de chez moi, par exemple le boulanger est portugais, l'épicier est chinois, et le restaurant italien appartient à des Italiens ! Ils sont très gentils et quand j'oublie mon porte-monnaie, je peux revenir payer le lendemain, on se fait confiance, et ça c'est important pour moi ! Je connais aussi quelques voisins, les étudiants en face de chez moi au 1er étage, et la dame du 2e étage qui a 89 ans ! Je lui monte ses courses souvent, quand c'est très lourd et qu'elle a beaucoup de sacs. Mais ce que je préfère surtout, c'est qu'il n'y a pas beaucoup de touristes, car il n'y a pas de monuments à visiter. Donc c'est tranquille ! Dans le centre de Madrid, parfois c'est un peu désagréable, il y a trop de monde dans les rues, on ne peut pas avancer ! Il y a également plein de petits parcs, et on va souvent pique-niquer avec mes amis le dimanche midi. Le soir, comme il y a beaucoup de bars avec des grandes terrasses, on va manger des tapas vers 22 heures en général. C'est aussi pratique d'habiter dans le Nord, parce que je suis près de l'aéroport et de la gare, je peux donc voyager facilement ! Je peux utiliser le métro ou même le bus pour y aller.

• Mots de liaison utilisés : où, et aussi, qui, en plus, par exemple, car, quand, mais, donc, également, le soir, parce que.

Activité 17 - page 82
Sujet 1 :
Type d'exercice (dialogue simulé ou coopération ?) : Dialogue simulé.
Rôle de l'examinateur : Un ami.
Registre de langue attendu : Familier (« tu »).

Actes de parole
(= que devez-vous faire ou demander ?) :
- Dire comment et avec quoi on prépare le plat.
- Expliquer à quel moment particulier on le mange.
- Proposer d'apprendre à cuisiner ce plat.
- Prendre rendez-vous avec l'ami pour cuisiner ensemble.

Interventions possibles de l'examinateur :
- Impressions sur le plat.
- Demande de renseignements sur l'origine du plat.
- Questions sur les ingrédients.
- Questions sur le degré de difficulté de préparation.
- Demande d'aide pour préparer ce plat.
- Proposition de rendez-vous pour la préparation.

Sujet 2 :

Type d'exercice (dialogue simulé ou coopération ?) : Coopération.
Rôle de l'examinateur : Un étudiant du cours de français.
Registre de langue attendu : Standard ou familier, « tu ».

Actes de parole
(= que devez-vous faire ou demander ?) :
- Faire des propositions (choix du monument, rendez-vous de travail, type de recherche, répartition du travail, etc.).
- Étudier les propositions de l'autre étudiant : les accepter ou les refuser. En cas de refus, faire une nouvelle proposition.
- Vous mettre d'accord avec l'autre étudiant.

Interventions possibles de l'examinateur : - Idem

Activité 18 - page 84

Action Lieu	S'inscrire	Se renseigner	Acheter	Réserver	Commander	Échanger	Comparer
Un restaurant		X	X	X	X		X
Une salle de spectacles	X	X	X	X			X
Une agence de voyages		X	X	X		X	X
Une banque	X	X	X		X	X	X
Un magasin		X	X		X	X	X
Un office du tourisme		X		X			X
Une association	X	X					X

Activité 19 - page 84

À une personne que vous connaissez bien :
Bonjour ! – Salut ! – S'il te plaît ! – D'accord ! – Ça marche ! – Quoi ? – Pardon ? – Au revoir ! – À plus !
À une personne que vous ne connaissez pas :
Bonjour ! – S'il vous plaît ! – D'accord ! – Excusez-moi ? – Pardon ? – Au revoir !

Activité 20 - page 85

Le candidat a :
- salué son collègue ;
- expliqué la raison de sa visite ;
- indiqué une période pour la visite ;
- proposé de réserver un hôtel ;
- donné plus d'informations sur l'hôtel ;
- proposé de demander un prix spécial ;
- refusé la proposition du taxi et expliqué pourquoi ;
- accepté la nouvelle proposition ;
- proposé une sortie au musée ;
- proposé de faire une liste de sorties possibles ;
- a réagi avec enthousiasme à la proposition ;
- a expliqué pourquoi un interprète n'était pas nécessaire ;
- a complété cette répartition ;
- a pris congé.

L'examinateur a :
- répondu aux salutations.
- demandé des informations complémentaires ;
- confirmé les dates de la visite ;
- demandé plus d'informations sur l'hôtel ;
- posé une question sur le prix ;
- proposé d'aller à l'aéroport en taxi ;
- fait une nouvelle proposition ;
- proposé d'organiser aussi des visites culturelles ;
- douté de la proposition de sortie au musée ;
- a proposé d'ajouter des restaurants sur la liste ;
- a posé une question sur la nécessité d'un interprète ;
- a proposé une répartition du travail ;
- a manifesté son accord ;
- a pris congé à son tour.

Conclusion : le candidat a réussi cette épreuve, car il a su se débrouiller correctement pendant l'échange. Il a su faire des propositions et réagir aux propos de l'examinateur : il a accepté ou refusé ses propositions, et dans ce dernier cas, il a su trouver une autre solution. Le niveau de langue est adapté à la situation, de même que les formules de politesse.

La France, c'est...

Les nouvelles façons de vivre - page 95

1 - La nouvelle vie de famille
1. Faux • 2. Vrai • 3. Vrai • 4. Faux • 5. Faux.

2 - Les nouveaux sports
1. Vrai • 2. Faux • 3. Faux • 4. Vrai • 5. Faux.

3 -. Les nouvelles vacances
1. Faux • 2. Faux • 3. Vrai • 4. Vrai • 5. Faux.

Se loger et se divertir autrement - page 99

1 - Une nouvelle manière de vivre : la colocation
1. Vrai • 2. Faux • 3. Vrai • 4. Vrai • 5. Faux.

2 - Habiter autrement : logement et écologie
1. Faux • 2. Vrai • 3. Vrai • 4. Faux • 5. Vrai.

3 - Culture et loisirs pour tous
1. Faux • 2. Vrai • 3. Faux • 4. Vrai • 5. Faux.

Apprendre à tout âge ! - page 103

1 - Le lycée municipal pour adultes de la Ville de Paris
1. Faux • 2. Faux • 3. Faux • 4. Vrai • 5. Faux.

2 - La formation tout au long de la vie professionnelle
1. Faux • 2. Vrai • 3. Faux • 4. Vrai • 5. Vrai.

3. Les assistants de langue étrangère
1. Faux • 2. Faux • 3. Vrai • 4. Vrai • 5. Vrai.

Le travail en France aujourd'hui - page 107

1 - Le télétravail
1. Faux • 2. Vrai • 3. Faux • 4. Faux • 5. Vrai.

2 - Égalité professionnelle entre hommes et femmes
1. Faux • 2. Vrai • 3. Vrai • 4. Vrai • 5. Faux.

3 - Les nouveaux métiers de services à la personne
1. Faux • 2. Vrai • 3. Vrai • 4. Vrai • 5. Faux.

ÉPREUVE BLANCHE

Compréhension de l'oral

Exercice 1 - page 110
1. C. • 2. La préfecture de police / la préfecture / la police. • 3. 17 heures. • 4. Il y a des risques de vol. • 5. B.

Exercice 2 - page 111
1. Vous demander un service. • 2. Elle est malade. • 3. Le directeur • 4. Du dossier. • 5. C. • 6. 02 86 97 42 06

Exercice 3 - page 111
1. Les informations nationales. • 2. Cette nuit / ce soir. • 3. Négatives. • 4. Des vêtements (chauds). • 5. C. • 6. Le Puy-de-Dôme.

Exercice 4 - page 112
1. La poésie. • 2. De regarder une vidéo avec ses élèves. • 3. La semaine dernière. • 4. À la bibliothèque (du lycée).

Compréhension des écrits

Exercice 1 - page 113
1. D • 2. E • 3. A • 4. B • 5. C

Exercice 2 - page 114
1. Une information sur votre commande. • 2. 30 août. • 3. Utiliser les places achetées. • 4. Les billets. • 5. Adresse.

Exercice 3 - page 115
1. Des gestes simples et utiles. • 2. Son état de santé. • 3. Discuter avec elle. • 4. B. • 5. Les premiers secours / les « gestes qui sauvent ».

Exercice 4 - page 116
1. Vrai : « Depuis 1570, Strasbourg organise autour de sa cathédrale son marché de Noël ». • 2. Le centre historique / le centre-ville. • 3. Écouter de jolies histoires. • 4. A. • 5. Au « marché des saveurs alsaciennes ». • 6. Faux : « tous les jours de la fin novembre au 31 décembre ».

Crédits photographiques

Page	Pos	Crédit
7		Chip Simons/Taxi/GettyImages
9	a	PackShot - Fotolia.com
9	b	Stéphane Audras/Réa
9	c	Denis/Réa
11	bd	Atlantide Phototrave/Corbis
11	bg	Eric Nathan/Alamy Images
11	bg	aline Caldwelle - Fotolia.com
11	bg	Alain Le Bot/Photononstop
11	hd	Sam Shapiro - Fotolia.com
11	hg	Sébastien Ortola/Réa
11	hg	nico75 - Fotolia.com
11	hm	Forget P./Explorer/Eyedea
11	md	Julien Rousset - Fotolia.com
11	mg	Tatiana Markow/Sygma/Corbis
14	bd	Aurélia Galicher
14	bg	Cphoto - Fotolia.com
14	bm	Carte Bleue
14	hd	Société Générale
14	hg	Hotel des Monnaies
14	hg	Banque de France
15	a	Secret Side - Fotolia.com
15	b	Claire Cordier - Fotolia.com
15	c	Alex Staroseltsev - Fotolia.com
16	a	Mike Watson Images Limited - Fotolia.com
16	b	Kay Blaschke/Stock 4B/GettyImages
16	c	Paul Hellander/Danita Delimont/Alamy Images
17	a	Christophe Lehenaff/Photononstop
17	b	Franck Guiziou/hemis.fr
17	c	Furan - Fotolia.com
18	a	Philippe Leroux/Sipa
18	b	Julie Lemberger/Corbis
18	c	Alfred/Sipa
19	bd	Henrick Sorensen/GettyImages
19	bg	Chesnot/Sipa
19	bm	Tschaen/Sipa
19	hd	Fatman73 - Fotolia.com
19	hg	Aurélia Galicher
19	hm	Artem Mykhailichenko - Fotolia.com
21	a	Richard James - Fotolia.com
21	b	Eric Nathan 2010 Stock VS/Alamy Images
21	c	Henry Frontier - Fotolia.com
29		Brand New Images/Stone/GettyImages
32		Metropole Télévision (M6)
32		France Télévisions Distribution
32		France Télévisions Distribution
32		France Télévisions Distribution
32		TF 1
41	a	Hill Street studios/Blend Images/GettyImages
41	b	Ian Hanning/Réa
41	b	Ian Hanning/Réa
41	c	ChantalS - Fotolia.com
41	hm	Franck Crusiaux/Gamma/Eyedea
45	bd	Nathalie Darbellay/Corbis
45	bd	ADAGP 2010
45	bg	Bertrand Rieger/hemis.fr
45	hd	René Mattes/hemis.fr
45	hg	Arnaud Chicurel/hemis.fr
45	hm	Eitan Simanor/Eyedea
48		Yann Marty (http://dome.nomade.free.fr), avec tous nos remerciements,
51		Image Source/GettyImages
55	bd	Frédéric Soulou/Gamma/Eyedea
55	bg	Adrien Roussel - Fotolia.com
55	md	Howard Sandler - Fotolia.com
55	mg	Richard Passmore/Stone/GettyImages
56	bd	Blickwinkel/Alamy/Hemis.fr
56	bg	dessayo - Fotolia.com
56	hd	Daniel Thierry/Photononstop
56	hg	Danielle Bonardelle - Fotolia.com
69		Colin Hawkins/GettyImages
77	md	Image Source/GettyImages
77	mg	BZM Productions/Photographer's Choice/GettyImages
77	mmd	Duzan Zidar - Fotolia.com
77	mmg	sculpies - Fotolia.com
78	hd	Chuck Place/Alamy/hemis.fr
78	hg	Anchels - Fotolia.com
78	hm	Gabriel Gonzalez G. - Fotolia.com
91		JupiterImages/GettyImages
92		Betsie Van Der Meer/Stone/GettyImages
93	bg	Richard Villalon - Fotolia.com
93	hg	thier - Fotolia.com
93	md	Clarence Alford - Fotolia.com
94		www.lescabanesdumency.com, avec tous nos remerciements,
96		danielschoenen - Fotolia.com
97	bg	Bertrand Rieger/hemis.fr
97	hd	Gérard Defay - Fotolia.com
97	hg	DOMESPACE international - Conception: P.MARSILLI - Photo: B.THOBY
97	mg	Camille Moirenc/hemis.fr
98		morane - Fotolia.com
104		AZP Worldwide - Fotolia.com
106	md	Beboy - Fotolia.com
106	mg	Beboy - Fotolia.com
106	mm	Beboy - Fotolia.com
110	bm	Baptiste Fenouil/Réa
110	hd	Fanny/Réa
112	a	Ian Hanning/Réa
112	b	Stéphane Audras/Réa
112	c	Frédéric Maigrot/Réa
116	a	Fred/Photononstop
116	b	Bertrand Rieger/hemis.fr
116	c	Roy Morsch/AGE Fotostock

Dessins : Julien Malland (9, 30, 47) ; Gabriel Rebuffelo (15, 17, 21, 22, 23, 38, 78, 111, 115)

Nous avons recherché en vain les auteurs ou les ayants droit de certains documents reproduits dans ce livre. Leurs droits sont réservés aux Éditions Didier.